Der Dialog zwischen Christen und Muslimen im Spannungsfeld von Tradition und Moderne

# THEION

Studien zur Religionskultur/Studies in Religious Culture

Herausgegeben von/edited by
Wilhelm-Ludwig Federlin und/and Edmund Weber,
Johann Wolfgang Goethe-Universität Frankfurt am Main

Band XXI

PETER LANG
Frankfurt am Main · Berlin · Bern · Bruxelles · New York · Oxford · Wien

Tharwat Kades

# Der Dialog zwischen Christen und Muslimen im Spannungsfeld von Tradition und Moderne

PETER LANG
Internationaler Verlag der Wissenschaften

**Bibliografische Information der Deutschen Nationalbibliothek**
Die Deutsche Nationalbibliothek verzeichnet diese Publikation in der Deutschen Nationalbibliografie; detaillierte bibliografische Daten sind im Internet über <http://www.d-nb.de> abrufbar.

ISSN 0943-9587
ISBN 978-3-631-56704-3


Internationaler Verlag der Wissenschaften
Frankfurt am Main 2008


www.peterlang.de

Meiner Tochter Susan
gewidmet

Inhalt

# 1 Vorwort Professor Zakzouk

Im Zeitalter der Globalisierung, d.h. der Vernetzung und gegenseitigen Abhängigkeit aller Völker in entscheidenden politischen, wirtschaftlichen und gesellschaftlichen Fragen, ist eine bessere Verständigung zwischen ihnen von lebenswichtiger Bedeutung geworden.

Eine Vorbedingung für eine gelungene Verständigung ist, wie sich gezeigt hat, die Bereitschaft zu Toleranz und Respekt. Daher ist ein Dialog vor allem zwischen der westlichen und der islamischen Welt notwendig, damit die globale Zusammenarbeit für den Frieden und Wohlstand in unserer Welt die notwendigen Fortschritte zeigen kann.

Die hierfür nötige Vision einer friedlichen Welt können die Religionen beider Welten entwickeln. Denn die Religionen haben, wie der Islam betont, den Zweck, für Frieden und Zusammenarbeit zwischen den Völkern zu wirken, indem sie überzeugend auf das hinweisen, was sie - trotz aller Verschiedenheit - verbindet. Diese haben nicht nur ähnliche Traditionen der Religionsausübung, sondern vor allem einen gemeinsamen Ursprung, wodurch alle Menschen eine Verwandtschaft bilden, und das ihnen allen gemeinsame letzte Ziel, das man Glückseligkeit oder Frieden nennen kann. Darüber hinaus haben auch beide Religionen nicht nur denselben Ursprung, sondern vermitteln letzten Endes, zumindest islamisch betrachtet, die gleiche Heilsbotschaft für die Menschen. Aus diesen Überlegungen wird deutlich, welche große Bedeutung dem interreligiösen Dialog zukommt, der den interkulturellen Dialog zu ergänzen hat. Denn die Aufgabe der Religionen - das möchte ich noch einmal wiederholen - ist nicht nur, die Heilsbotschaft für den einzelnen Menschen zu lehren, sondern, damit verbunden, auch der Aufruf zum Frieden in der Welt. Der Islam hat von Anfang an den Religionsdialog befürwortet. Allen voran führte der Prophet Muhammad mit christlichen Delegationen einen Dialog und setzte sich für die Religionsfreiheit und Menschenrechte der Christen ein. Der Dialog und die praktische Durchführung der durch den Dialog erkannten Ziele waren in dieser Weise im Islam von Anfang an miteinander verbunden.

Es gibt jetzt viele Bemühungen um einen Dialog zwischen den Kulturen und Religionen, und ich begrüße das Vorhaben von Prof. Dr. Tharwat Kades, die Gemeinsamkeiten zwischen dem Christentum und dem Islam aufzuzeigen und damit dem interreligiösen Dialog zu dienen und wünsche ihm dazu viel Erfolg.

Kairo, im Juli 2007

Prof. Dr. Mahmoud Hamdi Zakzouk, ägyptischer Religionsminister

## 2 Vorwort Professor Weber

Die Zeit, in der Staaten die Religion der Individuen bestimmten oder mitbestimmten, neigt sich ihrem Ende zu. Zwar gibt es immer noch Versuche, in dieser Hinsicht das Rad der Geschichte zurückzudrehen, indem Religionshierarchien den Staat theokratisch oder Staaten die Religion laizistisch beherrschen; dennoch - auch in diesen Fällen sind die modernen Individuen in ihrem Gewissen daran gebunden zu glauben, dass es ihrer alleinigen Verantwortung obliegt, Sinn und Gestalt ihrer Existenz zu bestimmen. Weil dies das geschichtliche Schicksal der Moderne ist, haben Staaten und Religionsgemeinschaften die Aufgabe, dem Einzelnen in seiner gleichsam unfreiwilligen Religionsfreiheit zu unterstützen und gfs. ihm beratend behilflich zu sein, seiner Existenz auf den Grund zu gehen, dem Heiligen in individualer Weise zu begegnen. Da es nicht mehr um die Durchsetzung religionskollektiver Gestaltungen des Heiligen geht, die nur das individuelle Gewissen destruieren, indem diese pseudo-sakralen Kollektivstandards den einzelnen von sich selbst entfremden und zur hypokritisch-submissiven Unperson herabwürdigen, sondern um die Erbauung der Einzelseele, dass sie eine individuale unmittelbare Beziehung zu dem Grunde ihrer Existenz, dem Heiligen, entwickele, müssen die Religionskollektive sich in dieser Hinsicht relativieren und zugleich kooperieren, um die fragile moderne Persönlichkeit nicht zum unsinnigen Opfer kollektivistischer Interessen werden zu lassen. Die Zusammenarbeit der Religionsgemeinschaften ist nicht nur der einzige Weg, Kriege und Kämpfe der Religionsorganisationen abzuwenden; sie bietet auch die Chance, eine hochdifferenzierte Religionskultur der religiös-autonomen Individuen zu entfalten. Trotz aller kollektivistischen Ideologie besitzen die Religionsgemeinschaften eine hohe religiöse Kompetenz, die sie dem weltlichen Leben verpflichteten Menschen zukommen lassen können: eine Kompetenz allerdings ohne Herrschaftsanspruch! Der uneingeschränkte Dialog der Religionen ist der kategorische Imperativ der religiös mündigen Individuen! Ohne Dialog diskreditieren sich die Religionen und ihr geschichtlicher Wert geht dahin. Die religiöse Renaissance ist keineswegs eine Wiedergeburt der Religionsgemeinschaften, sondern ist Folge des Drucks der Individuen auf diese Kollektive, sich der geschichtlichen Verantwortung zu stellen, und den Einzelnen bei der autonomen Begegnung mit der je eigenen Form des Heiligen solidarisch, subsidiär und ohne Herrschaftsanspruch beizustehen.

Die vorliegende Arbeit liefert einen irenischen Beitrag zum Dialog von Christentum und Islam, insofern sie die verbreitete dualistische Ideologie der Kollektiv-Fundamentalisten durch Rückgriff auf die Heiligen Schriften beider Religionen in Frage stellt und Wege zur differenzierten Betrachtung weist: sicherlich den Fanatikern ein Dorn im Auge, eine Hilfe aber für die Menschen, die ohne Angst vor dem Anderen und kritisch sich selbst gegenüber aus den Offenbarungen des Heiligen, die Christen und Muslimen zuteil wurden, Kraft schöpfen und Vorbilder entdecken können, um in freier Verpflichtung ihrer eigenen Wahrnehmungsgestalt des Existenzgrundes, des Heiligen, innezuwerden.

Frankfurt am Main, im August 2007

Prof. Dr. Edmund Weber

## 3 Einleitung

Im Licht der jetzigen politischen, wirtschaftlichen und religiösen Situation ist es erforderlich, die Beziehung zwischen Christen und Muslimen neu zu bedenken. Die Eindrücke und Meinungen, die vielfach durch Unwissenheit und Vorurteile entstanden sind, sind als solche aufzuspüren. Nur so kann es gelingen, Ängste und Vorurteile, die die Beziehung zwischen Christen und Muslimen beherrschen, abzubauen und gegenseitiges Verstehen zu erreichen. Ohne die genannten Überlegungen muss es zwangsläufig bei der Angst vor einer Beherrschung durch den Islam und umgekehrt bei der Angst vor der Bevormundung durch den christlichen Westen bleiben. Angst ist aber niemals ein guter Ratgeber.

Es geht somit darum, Grundlagen für beide Religionen zu schaffen, auf der sie den Dialog vollziehen können. Dabei darf die Tatsache nicht unerwähnt bleiben, dass im 19. und auch noch im 20. Jahrhundert die Meinungen der Orientalisten und Missionsgesellschaften stark anti-islamisch geprägt waren, zum Teil ohne sachliche Gründe. Wie auch sonst erzeugt aber Druck nur Gegendruck, und aus dieser Situation heraus sind wohl auch - jedenfalls zum Teil - die Aktionen von Fundamentalisten und Extremisten erklärbar.

Der 11. September 2001 hat dies vor Augen geführt und eine tiefe Wunde in die Beziehung zwischen den Religionen gerissen[1]. Auch zeigten die Ausschreitungen um die Mohammed-Karikaturen die zentrale Rolle der Medien, und die Reaktionen auf die Vorlesung Papst Benedikts XVI. in der Universität Regensburg sensibilisieren die Öffentlichkeit für den Dialog.

In diesen Zusammenhang gehört das Bemühen von muslimischen Politikern, Gelehrten und anderen islamischen Wissenschaftlern, den Islam in die heutige Gesellschaft zu integrieren. Hier stellt sich nun die Frage, wie rational eingestellte Muslime über den Dialog mit anderen Religionen heute denken. Es geht um ein rationales Denken im und über den Islam, also um die Zurückdrängung von Vorurteilen und daraus resultierenden Ängsten und Aggressionen. Damit soll zugleich die Frage beantwortet werden, ob der Islam heute wirklich modernes Denken und Handeln zulässt, oder ob er an traditionellen Denk- und Verfahrensweisen starr festhält, ohne ihre Gültigkeit für die moderne Gesellschaft zu prüfen und sie gegebenenfalls anzupassen.

Hier sind aber auch die zahlreichen Bemühungen von Christen und Muslimen zu nennen, die aufrichtig und ernsthaft am Vorankommen des Dialogs arbeiten.

---

[1] Steinacker, Peter: Absolutheitsanspruch und Toleranz, S. 19: "Der 11. September 2001 konfrontierte die westliche Welt mit einer gleichzeitigen Ungleichzeitigkeit von Hightech und Vormoderne, mit der Verschlingung von politischer Macht und terroristischer Gewalt mit Religion."

Beispielsweise bemühen sich evangelische Kirchen, wie z.B. die Evangelische Kirche in Hessen und Nassau (EKHN), seit längerem um den christlich-islamischen Dialog. So gründete diese Kirche 1987 den Islamarbeitskreis (IAK). Dessen Mitglieder sind unter anderem Pfarrer und Pfarrerinnen, Religionspädagogen, Beauftrage für interreligiöse Fragen, Vertreterinnen und Vertreter aller Dekanate und Propsteien der EKHN. Alle bemühen sich, in ihren Gemeinden gute Kontakte mit Muslimen vor Ort zu pflegen. Beispielsweise wurde in Langen (Hessen), besonders in der dortigen evangelischen Petrusgemeinde, seit mehr als 25 Jahren eine gute Zusammenarbeit mit der Türkisch-Islamischen Union (DITIB) erreicht.[2] Ebenso wurden, vorwiegend durch Studienreisen, Begegnungen und Dialoge mit Muslimen in anderen Ländern durchgeführt, z.B. in Ägypten[3], Syrien, Jordanien, Palästina, Libanon, Marokko und Türkei. Auf höherer Ebene hat z.B. der Kirchenpräsident der EKHN, Peter Steinacker[4], 1999 mit höchsten Vertretern der islamischen Religion in Ägypten Gespräche geführt.[5]

Damit die Begegnung über die Religionsgrenzen hinweg gelingt, braucht man Menschen, die über den jeweiligen Dialogpartner und dessen Religion Bescheid wissen. Daher hatte die Evangelische Kirche Hessen und Nassau seinerzeit beschlossen, einer Pfarrerin und einem Pfarrer die Möglichkeit zu geben, ihre Kenntnis des Islam an der al-Azhar-Universität als Gasthörer für ein Jahr zu vertiefen, damit sie auf der Ebene der Gemeinde in Deutschland christlich-islamische Begegnungen organisieren könnten.

Von islamischer Seite aus besuchte 1996 Mahmoud Hamdi Zakzouk[6] die Universität Heidelberg sowie auch die evangelische Petrus-Gemeinde in Langen (Hessen), um Symposien, Seminare und Vorträge über den christlich-islamischen Dialog zu halten.

Auf Einladung der deutschen Bundesregierung kam 1997 Mohammed Sayed Tantawi[7], mittlerweile Groß-Imam der al-Azhar-Moschee[8], nach Deutschland,

---

[2] Der Verf. war insgesamt über 25 Jahre Beauftragter für das Amt für Mission und Ökumene im Dekanat Dreieich (Hessen) und bemühte sich sowohl um die Einheit der christlichen Kirchen als auch um die Toleranz zwischen den Angehörigen verschiedener Religionen.

[3] Der Grundstein für das Engagement des Verf. für den christlich-islamischen Dialog wurde in seiner Kindheit gelegt. Durch die Lebensumstände in Mallawi / Ägypten, nämlich die große Durchmischung von Muslimen und Christen im sozialen Leben, hat der Verf. die Möglichkeiten des Austauschs im alltäglichen Gespräch kennen gelernt und ausschöpfen können.

[4] Prof. Dr. Steinacker lehrt zugleich an der Universität Marburg Systematische Theologie.

[5] Steinacker, Peter: Absolutheitsanspruch und Toleranz, S. 12.

[6] Prof. Dr. Mahmoud Hamdi Zakzouk war damals Dekan der Islamisch-Theologischen Fakultät Usul ad-din in Kairo.

[7] Prof. Dr. Mohammed Sayed Tantawi lehrte zunächst an der al-Azhar-Universität in Kairo. 1986 wurde zum Groß-Mufti ernannt, und seit 1997 hat er das Amt des Groß-Imams der Sunniten inne.

[8] Abu Zaid, Nasir Hamid: Ein Leben mit dem Islam, S. 13: "Die Azhar ist die älteste Bildungseinrichtung Ägyptens. Sie wurde 972 nach der Eroberung Kairos durch die Dynastie der schiitischen Fatimiden gegrün-

um neue Begegnungen und Dialoge von christlichen und islamischen Organisationen zu fördern. Ganz besonders zu erwähnen ist seine Begegnung mit Kirchenpräsident Peter Steinacker in Darmstadt. Diese Begegnung war bestimmt von der Auseinandersetzung um die Zulassung des öffentlichen islamischen Gebetsrufs, d.h. ob ein Muezzin in Deutschland von einem Minarett aus zum Gebet rufen dürfe. Diesbezüglich wies der Groß-Imam darauf hin, dass nach islamischer Lehrauffassung zwar ein Gebetsruf (*azan*) notwendig sei, allerdings müsse dieser in Deutschland nicht unbedingt durch ein Mikrofon außerhalb der Moschee ertönen, zumal in diesem Land nicht alle Anwohner Muslime seien.

Der Interkulturelle Rat in Deutschland lud am 26. Juni 2002 erstmals zu einem Forum Islam ein. Hier sollten kritische Fragen des Zusammenlebens von Muslimen und Nichtmuslimen offen und kontrovers erörtert werden. Vertretungen aller relevanten muslimischen Verbände nahmen an diesem Forum ebenso teil wie Persönlichkeiten aus Staat, Gesellschaft, Kirchen und Wissenschaft.

Im April 2003 fand in Izmir ein großer intertheologischer Kongress zum Thema 'Religion und Leben' statt, welcher von der Theologischen Fakultät der dortigen Dokuz-Eylül-Universität zusammen mit Professoren, Lehrenden und Studierenden der Universitäten Frankfurt, Münster und Göttingen durchgeführt wurde. Durch die dort geknüpften guten Kontakte zu den türkischen und deutschen Lehrenden und Studierenden kam es im Februar/März 2004 in Ägypten zu einem ersten intertheologischen deutsch-türkisch-ägyptischen Symposion über 'Die Barmherzigkeit Gottes und die Nächstenliebe im Christentum und Islam'. Diese intertheologischen Veranstaltungen waren die ersten akademischen Folgerungen aus der von Edmund Weber[9] und Hüseyin Kurt[10] initiierten, 2002 von der türkischen Religionsbehörde Diyanet gestifteten und an der Johann Wolfgang Goethe-Universität Frankfurt am Main errichteten Professur für Islamische Religionswissenschaft.[11]

Auf katholischer Seite ist vor allem die Deklaration des II. Vatikanischen Konzils über das Verhältnis der Kirche zu den nichtchristlichen Religionen zu nennen, in der diesbezüglich theologisch eindeutig festgestellt wird: "Mit Hochachtung betrachtet die Kirche auch die Muslime, die den alleinigen Gott anbeten,

---

det und entwickelte sich im 14. und 15. Jahrhundert zur angesehensten Hochschule des sunnitischen Islam. Mit Beginn des zivilen Schulsystems unter Mohammed Ali wurde ein zweiter Ausbildungsweg geschaffen, ..."

[9] Prof. Dr. theol. Edmund Weber ist evangelischer Theologe und Religionswissenschaftler an der Johann Wolfgang Goethe-Universität in Frankfurt am Main.

[10] Dr. Hüseyin Kurt ist Öffentlichkeitsreferent der Türkisch-Islamischen Union (DITIB) in Frankfurt a.M.

[11] Erster Inhaber der Stiftungsprofessur war Prof. Dr. Mehmet Emin Köktasch, Dokuz-Eylül-Universität, Izmir. Der derzeitige Inhaber der Stiftungsprofessur ist Prof. Dr. Ömer Özsoy. Der Verf. wirkt an dem Lehrangebot der Stiftungsprofessur seit ihrer Einrichtung im Rahmen der Veranstaltung 'Christlich-Islamisches Projekt' mit.

den lebendigen und in sich seienden, barmherzigen und allmächtigen, den Schöpfer Himmels und der Erde, der zu den Menschen gesprochen hat."[12]

Auch die deutsche katholische Bischofskonferenz wäre hier zu nennen, die mit zahlreichen Veröffentlichungen und anderen Aktivitäten eine rationale Islamdiskussion zu fördern versucht.

Allerdings ist vor allem seriösen Dialog eine Klärung von theologischen Begriffen und Vorstellungen der Bibel, des Koran und der Sunna erforderlich. Zu diesem Thema gehört auch die Erörterung moderner Probleme durch westlich geprägte Muslime sowie durch das allgemeine islamisch geprägte Bildungswesen und durch die islamischen Universitäten, insbesondere durch die deutschsprachige Abteilung für Germanistik und Islamwissenschaft der al-Azhar-Universität, die einen Vergleich mit dem heutigen christlich-theologischen Denken nicht zu scheuen brauchen.

Da Islam und Christentum aus einer gemeinsamen Wurzel stammen, sollen diese historischen Hintergründe der islamisch-christlichen Tradition untersucht werden, um eine solide Grundlage für den islamisch-christlichen Dialog zu schaffen.

Dazu ist eine chronologische Darstellung der Kirchengeschichte, der Entwicklung der christlichen Theologie unter Berücksichtigung der ersten ökumenischen Konzilien und der Situation der verschiedenen Kirchen, insbesondere auf der arabischen Halbinsel, notwendig. Dementsprechend ist auch eine historische Darstellung der Entwicklung des Islam gefordert.

Der Vergleich zwischen Christentum und Islam wird hier verstanden als ein Vergleich der gemeinsamen und der verschiedenen Vorstellungen bis zum heutigen Tag. Allerdings ist hierbei darauf zu bedenken, dass es vorrangig um die Entwicklung der Gedanken der Religionsanhänger geht; denn nicht die Religionsorganisationen, sondern die einzelnen Menschen sollen sich versöhnen. Sie, die einzelnen Menschen der verschiedenen Religionen, haben gleiche Wurzeln und Ziele, wenn auch die Wege und die Methoden unterschiedlich sind.[13]

---

[12] Erklärung über das Verhältnis der Kirche zu den nichtchristlichen Religionen, S. 488. Dieser Satz der Erklärung ist ein Zitat aus dem Brief Papst Gregors VII. (1073-1085) an an-Nasir den Herrscher von Mauretanien.

[13] Zakzouk, Mahmoud Hamdi: Einführung in den Islam, S. 7, "Ohne eine Besinnung auf die Wurzeln der eigenen Kultur und damit den Versuch einer Wiedereinwurzelung in ihr kann jedenfalls die andere Kultur kaum in ihrer Eigenart verstanden und akzeptiert werden. Nur vom überzeugten eigenen Standpunkt her kann der des Anderen wahrgenommen werden, so dass eine Hoffnung auf eine möglichst friedliche Lösung der zahlreichen Konflikte bzw. ihre Eindämmung durch ein solidarisches Handeln entstehen kann."

Als Grundlage für den Dialog gilt der Glaube an den einen Gott und die Befolgung seiner Gebote. Die Auseinandersetzung mit den zentralen Fragen, wie z.B. der Rolle Jesu im Evangelium und im Koran, ist für das gegenseitige Verständnis unverzichtbar.

In diesem Buch geht es darum, den Dialog frei von Ängsten, wie z.B. der Furcht vor christlicher Mission beziehungsweise Einladung zum Islam, zu führen, um so zu ermöglichen, dass beide Religionen sowohl ihrer jeweiligen Tradition als auch ihrer gemeinsamen Moderne Raum geben. Mahmoud Hamdi Zakzouk, ägyptischer Minister für Religiöse Angelegenheiten, betont in diesem Zusammenhang richtig: "Das bedeutet aber nicht, dass man diese Religionen in eine einzige auflösen darf."[14]

Ebenso ist es das Ziel des Dialogs, Frieden zwischen den Menschen zu erreichen. Denn die Religionen können einen entscheidenden Beitrag zur Herstellung des Friedens leisten, wenn sie sich auf ihre eigentlichen Aufgaben besinnen und sich für sie einsetzen.

Zuletzt geht es um die Erleuchtung und Veränderung unserer Gesellschaft durch den Dialog.

Aufgrund der heutigen Kommunikationsmöglichkeiten, z.B. des Internets, leben wir in der Welt wie in einem kleinen Dorf: Global denken und vor Ort handeln.

Natürlich begegnen uns Hindernisse auf dem Weg, diese Ziele zu erreichen, wie bereits oben erwähnt (Anschläge vom 11. September 2001, der Karikaturenstreit um den Propheten Muhammad, die Regensburger Vorlesung Benedikts XVI. im Herbst 2006 usw.). Wir müssen diese Hindernisse als solche erkennen, um Lösungen zu finden. Die aktuelle Situation zeigt uns die Notwendigkeit des Dialogs. Dazu nutzen wir Methoden, die in diesem Buch aufgezeigt werden und stellen verschiedene Themen dieses Dialoges für die Praxis bereit.

Die theologischen Themen stellen eine wichtige Grundlage für den Dialog dar. Dazu zählen zum Beispiel Gottes Barmherzigkeit und Liebe[15] sowie auch der Dschihad sowohl im Islam als auch im Christentum. Als gesellschaftliches Thema stehen die Diakonie im Christentum und die Wohlfahrtsinitiative im Islam im Mittelpunkt. Hier geht es nicht nur um Gespräche, Begegnungen und Dialoge, sondern vielmehr um Zusammenarbeit und Solidarität, gemeinsam gegen Terror, Rassismus und Feindbilder.

---

[14] Zakzouk, Mahmoud Hamdi: Der Islam und die Frage nach dem Dialog, S. 9.

[15] Vgl. Weber, Edmund: Allahs Mütterlichkeit und die muslimische Nächstenliebe, THEION - Jahrbuch für Religionskultur XIV, S. 63 ff.

Ich danke Frau Gülhan Şirin M.A. für die Mithilfe bei der technischen Gestaltung dieses Bandes.

Langen, im August 2007

Tharwat Kades

# 4 Klärung grundlegender Begriffe für den christlich-islamischen Dialog

Die Sprache spielt im Dialog eine große Rolle. Im islamisch-christlichen Dialog ist besonders die arabische Sprache von großer Bedeutung. Um Missverständnisse aus dem Weg zu räumen, werden zu Beginn einige für den Dialog relevante Begriffe übersetzt.

| | |
|---|---|
| 'abd | Knecht |
| 'ahd | Bund, Testament, aus dem Hebräischen |
| ahl al-kitab | Besitzer der Offenbarungsschrift (Christen und Juden) |
| al-alam | Welt |
| al-kauniya | universell |
| ayatollah | Zeichen, Wunder Gottes |
| aulama | Globalisierung |
| azan | Gebetsruf |
| baschir | Evangelist |
| bischara/indschil | Evangelium |
| dimmi (ahl al-dimma) | Schutzgenosse, Freier, nichtmuslimischer Untertan in muslimischen Staaten |
| dar al-ifta | Haus des Gutachtens |
| fatwa | Gutachten |
| dschadid | neu; mudschadid = Erneuerer |
| dschihad (pl. dschahada) | sich bemühen, sich (über)anstrengen, quälen, kämpfen, hingeben, sich ereifern. Im Deutschen wird dschihad[16] häufig mit 'heiliger Krieg' gegen Ungläubige übersetzt, welches nicht der wortwörtlichen arabischen Bedeutung entspricht.[17] |
| hamas | Eifrig |
| habib allah | Freund Gottes (7,196) |
| hadith | Gespräch, Überlieferung; siehe auch |
| hadatha | was neu geschehen ist, erzählen, sich ereignen, jung sein. |
| hadith | Moderne; denn siehe auch |
| muhdath | neu, modern, erneuernd |
| mutahaddith | Sprecher, Redner |
| mustahdath | neu, Neuerung, Neuheit, Neubildung |

[16] Siehe auch *dschahad*, pl. *dschuhud* = sein Möglichstes tun, alle erdenklichen Anstrengungen machen.
[17] Siehe unten *Dschihad* im Christentum und Islam.

| | |
|---|---|
| hisbu allah | Partei Gottes |
| Idschm'a | Übereinkunft der Gelehrten |
| idschtihad | Anstrengung, Eifer, Fleiß, Rechtsfrage aufgrund der Interpretation der Quellen |
| imam | Vorbeter |
| irhab | Terror, Einflößung von Angst und Schrecken |
| islah | Reformation |
| islami | Islamisch |
| isnad | Überlieferungskette |
| khalifa | Nachfolger des Prophet Mohammed (ugs. Kalif) |
| khallada | nachmachen, imitieren, nachahmen, überneh-men. |
| kaukab | Planet |
| malak | Engel |
| muazin | Gebetsrufer |
| mufti | Ratgeber (arab. fatwa (>ifta' = Ratschlag) |
| muqri | Koranrezitator |
| mudschaddid | Erneuerer |
| mudschtahad | fleißig, Rechtsgelehrter |
| masdschid, pl. masadschid | Moschee |
| muslih | Reformator |
| mutaassib | Fanatiker |
| nabi/anbiya | Prophet/Propheten |
| qiyas | Analogie |
| qada | Fundament |
| quran | das heilige Buch der Muslime |
| rasul | Gesandter |
| rai | Meinung |
| sadschada, pl. sadschadat | Anbeter, Verehrer Gottes |
| sanada | sich stützen, sich lehnen, sich stützen lassen, z.B. sich auf eine Überlieferung oder |
| isnad | Überlieferungskette stützen. Dieses Wort ist für das Buch von großer Bedeutung, weil wir nach der Überlieferung isnad brauchen: 'Wer hat das gesagt?'. |
| schari'a, pl. scharai'a | Wasserstelle, Weg zur Tränke, religiöses isla-misches Recht |
| taschri' | Gesetzgebung |
| schari' | der Wegweiser, der Gesetzgeber |

| | |
|---|---|
| sunna | Überlieferungen, Mischung aus taqlid und hadith(Das, was der Prophet gelebt und erzählt hat.) |
| ta'assub | Fanatismus |
| taliban | Student (v. arab. sing. |
| talib | der Suchende, der Forschende) |
| taqlid | Tradition, Überlieferung |
| taqlid | gedankenlose, unreflektierte Übernahme Nachahmung; siehe auch |
| turath | Erbschaft (Verwandtschaft zu taqlid) |
| umma | Volk, Gemeinschaft (Sura 3,110) |
| usulia | Ursprung, Quelle, Herkunft, Grund, Grundlage |
| wa'd/wa'id | Bund, Verheißung |

# 5 Klärung des Begriffs Dialog

## *5.1 Philologische Erklärung*

Wie bereits erwähnt, spielt die Sprache im Dialog eine wichtige Rolle. Im christlich-islamischen Dialog sind vor allem Kenntnisse der arabischen Sprache von Vorteil. Die für die interreligiöse Verständigung arabischen Bezeichnungen für Dialog sind *hiwar*, *dschidal*, und *mudschadala*. Alle drei Worte eine ähnliche Bedeutung (Dialog, Auseinandersetzung, Disput, Diskussion, Debatte.).

## *5.2 Dialog in der Bibel*[18]

Es soll im Folgenden nicht eine umfassende Analyse des Dialogbegriffs in der Bibel vorgelegt werden. Es werden vielmehr typische Beispiele für Dialog, die auch im Koran zu finden sind, erörtert.

Schon im ersten Buch Mose findet man den Dialog zwischen Gott und dem Menschen (Adam), genauso wie der mit dessen Frau (Eva)[19] und später den Dialog zwischen Gott und den Propheten, z.B. Noah, Abraham[20], Moses und David.

Im Neuen Testament sehen wir Jesus Christus im Dialog mit seinen Jüngern, mit den Schriftgelehrten und den Pharisäern, mit Frauen wie auch mit Männern.[21]

So fragen im Johannes-Evangelium Thomas und Philippus Jesus, und Jesus gibt ihnen Antwort:

Joh. 14,5-14: (5) Spricht zu ihm Thomas: Herr, wir wissen nicht, wo du hingehst; wie können wir den Weg wissen? (6) Jesus spricht zu ihm: Ich bin der Weg und die Wahrheit und das Leben; niemand kommt zum Vater denn durch mich. (7) Wenn ihr mich erkannt habt, so werdet ihr auch meinen Vater erken-

---

[18] Die biblischen und koranischen Stellen werden deshalb ausführlich wiedergegeben, um den Lesern der jeweils anderen Religion das Verständnis der anderen Seite zu erleichtern.

[19] 1. Moses 3,8-11.

[20] 1. Moses 18,23-31: (23) und trat zu ihm und sprach: Willst du denn den Gerechten mit dem Gottlosen umbringen? (24) Es könnten vielleicht fünfzig Gerechte in der Stadt sein; wolltest du die umbringen und dem Ort nicht vergeben um fünfzig Gerechter willen, die darin wären? (25) Fern sei es von dir, so etwas zu tun, den Gerechten mit dem Ungerechten zu töten, so dass der Ungerechte wäre wie der Gerechte; fern sei es von dir! Sollte der Richter der ganzen Erde nicht Recht üben? (26) Der HERR sprach: Finde ich fünfzig Gerechte zu Sodom in der Stadt, so will ich um ihretwillen dem ganzen Ort vergeben. (27) Abraham antwortete und sprach: Ach siehe, ich habe mich unterwunden, zu reden mit dem Herrn, wiewohl ich Erde und Asche bin. (28) Es könnten vielleicht fünf weniger als fünfzig Gerechte darin sein; wolltest du denn die ganze Stadt verderben um der fünf willen? Er sprach: Finde ich darin fünfundvierzig, so will ich sie nicht verderben. (29) Und er fuhr fort mit ihm zu reden und sprach: Man könnte vielleicht vierzig darin finden. Er aber sprach: Ich will ihnen nichts tun um der vierzig willen ...

[21] In der arabischen Sprache nennt der Koran die Jünger Jesu Christus *hiwariun* (d.h. die dialogführenden Menschen).

nen. Und von nun an kennt ihr ihn und habt ihn gesehen. (8) Spricht zu ihm Philippus: Herr, zeige uns den Vater und es genügt uns. (9) Jesus spricht zu ihm: So lange bin ich bei euch und du kennst mich nicht, Philippus? Wer mich sieht, der sieht den Vater! Wie sprichst du dann: Zeige uns den Vater? (10) Glaubst du nicht, dass ich im Vater bin und der Vater in mir? Die Worte, die ich zu euch rede, die rede ich nicht von mir selbst aus. Und der Vater, der in mir wohnt, der tut seine Werke. (11) Glaubt mir, dass ich im Vater bin und der Vater in mir; wenn nicht, so glaubt doch um der Werke willen. (12) Wahrlich, wahrlich, ich sage euch: Wer an mich glaubt, der wird die Werke auch tun, die ich tue, und er wird noch größere als diese tun; denn ich gehe zum Vater. (13) Und was ihr bitten werdet in meinem Namen, das will ich tun, damit der Vater verherrlicht werde im Sohn. (14)Was ihr mich bitten werdet in meinem Namen, das will ich tun.

Pharisäer Mt. 19,3-12: (3) Da traten Pharisäer zu ihm und versuchten ihn und sprachen: Ist's erlaubt, dass sich ein Mann aus irgendeinem Grund von seiner Frau scheidet? (4) Er aber antwortete und sprach: Habt ihr nicht gelesen: Der im Anfang den Menschen geschaffen hat, schuf sie als Mann und Frau (5) und sprach (1.Mose 2,24): Darum wird ein Mann Vater und Mutter verlassen und an seiner Frau hängen, und die zwei werden 'ein' Fleisch sein? (6) So sind sie nun nicht mehr zwei, sondern 'ein' Fleisch1. Was nun Gott zusammengefügt hat, das soll der Mensch nicht scheiden! (7) Da fragten sie: Warum hat dann Mose geboten, ihr einen Scheidebrief zu geben und sich von ihr zu scheiden? (8) Er sprach zu ihnen: Mose hat euch erlaubt, euch zu scheiden von euren Frauen, eures Herzens Härte wegen; von Anfang an aber ist's nicht so gewesen. (9) Ich aber sage euch: Wer sich von seiner Frau scheidet, es sei denn wegen Ehebruchs, und heiratet eine andere, der bricht die Ehe. (10) Da sprachen seine Jünger zu ihm: Steht die Sache eines Mannes mit seiner Frau so, dann ist's nicht gut zu heiraten. (11) Er sprach aber zu ihnen: Dies Wort fassen nicht alle, sondern nur die, denen es gegeben ist. (12) Denn einige sind von Geburt an zur Ehe unfähig; andere sind von Menschen zur Ehe unfähig gemacht; und wieder andere haben sich selbst zur Ehe unfähig gemacht um des Himmelreichs willen. Wer es fassen kann, der fasse es!

Mt. 19,16-21: (16) Und siehe, einer trat zu ihm und fragte: Meister, was soll ich Gutes tun, damit ich das ewige Leben habe? (17) Er aber sprach zu ihm: Was fragst du mich nach dem, was gut ist? Gut ist nur Einer. Willst du aber zum Leben eingehen, so halte die Gebote. (18) Da fragte er ihn: Welche? Jesus aber sprach: Du sollst nicht töten; du sollst nicht ehebrechen; du sollst nicht stehlen; du sollst nicht falsch Zeugnis geben; (19) ehre Vater und Mutter (2.Mose 20,12-16); und: Du sollst deinen Nächsten lieben wie dich selbst (3.Mose 19,18). (20) Da sprach der Jüngling zu ihm: Das habe ich alles gehalten; was fehlt mir noch?

(21) Jesus antwortete ihm: Willst du vollkommen sein, so geh hin, verkaufe, was du hast, und gib's den Armen, so wirst du einen Schatz im Himmel haben; und komm und folge mir nach!

Mt. 19,22-30: (22) Als der Jüngling das Wort hörte, ging er betrübt davon; denn er hatte viele Güter. (23) Jesus aber sprach zu seinen Jüngern: Wahrlich, ich sage euch: Ein Reicher wird schwer ins Himmelreich kommen. (24) Und weiter sage ich euch: Es ist leichter, dass ein Kamel durch ein Nadelöhr gehe, als dass ein Reicher ins Reich Gottes komme. (25) Als das seine Jünger hörten, entsetzten sie sich sehr und sprachen: Ja, wer kann dann selig werden? (26) Jesus aber sah sie an und sprach zu ihnen: Bei den Menschen ist's unmöglich; aber bei Gott sind alle Dinge möglich. (27) Da fing Petrus an und sprach zu ihm: Siehe, wir haben alles verlassen und sind dir nachgefolgt; was wird uns dafür gegeben? (28) Jesus aber sprach zu ihnen: Wahrlich, ich sage euch: Ihr, die ihr mir nachgefolgt seid, werdet bei der Wiedergeburt, wenn der Menschensohn sitzen wird auf dem Thron seiner Herrlichkeit, auch sitzen auf zwölf Thronen und richten die zwölf Stämme Israels. (29) Und wer Häuser oder Brüder oder Schwestern oder Vater oder Mutter oder Kinder oder Äcker verlässt um meines Namens willen, der wird's hundertfach empfangen und das ewige Leben ererben. (30) Aber viele, die die Ersten sind, werden die Letzten und die Letzten werden die Ersten sein.

Joh. 3,1-13: (1) Es war aber ein Mensch unter den Pharisäern mit Namen Nikodemus, einer von den Oberen der Juden. (2) Der kam zu Jesus bei Nacht und sprach zu ihm: Meister, wir wissen, du bist ein Lehrer, von Gott gekommen; denn niemand kann die Zeichen tun, die du tust, es sei denn Gott mit ihm. (3) Jesus antwortete und sprach zu ihm: Wahrlich, wahrlich, ich sage dir: Es sei denn, dass jemand von neuem geboren werde, so kann er das Reich Gottes nicht sehen. (4) Nikodemus spricht zu ihm: Wie kann ein Mensch geboren werden, wenn er alt ist? Kann er denn wieder in seiner Mutter Leib gehen und geboren werden? (5) Jesus antwortete: Wahrlich, wahrlich, ich sage dir: Es sei denn, dass jemand geboren werde aus Wasser und Geist, so kann er nicht in das Reich Gottes kommen. (6) Was vom Fleisch geboren ist, das ist Fleisch; und was vom Geist geboren ist, das ist Geist. (7) Wundere dich nicht, dass ich dir gesagt habe: Ihr müsst von neuem geboren werden. (8) Der Wind bläst, wo er will, und du hörst sein Sausen wohl; aber du weißt nicht, woher er kommt und wohin er fährt. So ist es bei jedem, der aus dem Geist geboren ist. (9) Nikodemus antwortete und sprach zu ihm: Wie kann dies geschehen? (10) Jesus antwortete und sprach zu ihm: Bist du Israels Lehrer und weißt das nicht? (11) Wahrlich, wahrlich, ich sage dir: Wir reden, was wir wissen, und bezeugen, was wir gesehen haben; ihr aber nehmt unser Zeugnis nicht an. (12) Glaubt ihr nicht, wenn ich euch von irdischen Dingen sage, wie werdet ihr glauben, wenn ich euch von himmlischen Dingen sage?

Joh. 3,25: Da erhob sich ein Streit zwischen den Jüngern des Johannes und einem Juden über die Reinigung.

Frauen

Joh. 4,1-42: (1) Als nun Jesus erfuhr, dass den Pharisäern zu Ohren gekommen war, dass er mehr zu Jüngern machte und taufte als Johannes (2) - obwohl Jesus nicht selber taufte, sondern seine Jünger -, (3) verließ er Judäa und ging wieder nach Galiläa. (4) Er musste aber durch Samarien reisen. (5) Da kam er in eine Stadt Samariens, die heißt Sychar, nahe bei dem Feld, das Jakob seinem Sohn Josef gab. (6) Es war aber dort Jakobs Brunnen. Weil nun Jesus müde war von der Reise, setzte er sich am Brunnen nieder; es war um die sechste Stunde. (7) Da kommt eine Frau aus Samarien, um Wasser zu schöpfen. Jesus spricht zu ihr: Gib mir zu trinken! (8) Denn seine Jünger waren in die Stadt gegangen, um Essen zu kaufen. (9) Da spricht die samaritische Frau zu ihm: Wie, du bittest mich um etwas zu trinken, der du ein Jude bist und ich eine samaritische Frau? Denn die Juden haben keine Gemeinschaft mit den Samaritern. - (10) Jesus antwortete und sprach zu ihr: Wenn du erkenntest die Gabe Gottes und wer der ist, der zu dir sagt: Gib mir zu trinken!, du bätest ihn und er gäbe dir lebendiges Wasser. (11) Spricht zu ihm die Frau: Herr, hast du doch nichts, womit du schöpfen könntest, und der Brunnen ist tief; woher hast du dann lebendiges Wasser? (12) Bist du mehr als unser Vater Jakob, der uns diesen Brunnen gegeben hat? Und er hat daraus getrunken und seine Kinder und sein Vieh. (13) Jesus antwortete und sprach zu ihr: Wer von diesem Wasser trinkt, den wird wieder dürsten; (14) wer aber von dem Wasser trinken wird, das ich ihm gebe, den wird in Ewigkeit nicht dürsten, sondern das Wasser, das ich ihm geben werde, das wird in ihm eine Quelle des Wassers werden, das in das ewige Leben quillt. (15) Spricht die Frau zu ihm: Herr, gib mir solches Wasser, damit mich nicht dürstet und ich nicht herkommen muss, um zu schöpfen! (16) Jesus spricht zu ihr: Geh hin, ruf deinen Mann und komm wieder her! (17) Die Frau antwortete und sprach zu ihm: Ich habe keinen Mann. Jesus spricht zu ihr: Du hast recht geantwortet: Ich habe keinen Mann. (18) Fünf Männer hast du gehabt, und der, den du jetzt hast, ist nicht dein Mann; das hast du recht gesagt. (19) Die Frau spricht zu ihm: Herr, ich sehe, dass du ein Prophet bist. (20) Unsere Väter haben auf diesem Berge angebetet, und ihr sagt, in Jerusalem sei die Stätte, wo man anbeten soll. (21)Jesus spricht zu ihr: Glaube mir, Frau, es kommt die Zeit, dass ihr weder auf diesem Berge noch in Jerusalem den Vater anbeten werdet. (22) Ihr wisst nicht, was ihr anbetet; wir wissen aber, was wir anbeten; denn das Heil kommt von den Juden. (23) Aber es kommt die Zeit und ist schon jetzt, in der die wahren Anbeter den Vater anbeten werden im Geist und in der Wahrheit; denn auch der Vater will solche Anbeter haben. (24) Gott ist Geist, und die ihn anbeten, die müssen ihn im Geist und in der Wahrheit anbeten. (25) Spricht die Frau zu ihm: Ich weiß, dass der Messias kommt, der da Christus heißt. Wenn dieser kommt, wird er uns alles verkündigen. (26) Jesus spricht zu ihr: Ich bin's, der mit dir redet. (27) Unterdessen kamen seine Jünger, und sie wunderten sich, dass er mit einer Frau redete; doch sagte niemand: Was fragst du?, oder: Was redest du mit ihr? (28) Da ließ die Frau ihren Krug stehen und ging in die Stadt und spricht zu den Leuten: (29) Kommt, seht einen Menschen, der mir alles gesagt hat, was ich getan habe, ob er nicht der Christus sei! (30) Da gingen sie aus der Stadt heraus und kamen zu ihm. (31) Inzwischen mahnten ihn die Jünger und sprachen: Rabbi, iss! (32) Er aber sprach zu ihnen: Ich habe eine Speise zu essen, von der ihr nicht wisst. (33) Da sprachen die Jünger untereinander: Hat ihm jemand zu essen gebracht? (34) Jesus spricht zu ihnen: Meine Speise ist die, dass ich tue den Willen dessen, der mich gesandt hat, und vollende sein Werk. (35) Sagt ihr nicht selber: Es sind noch vier Monate, dann kommt die Ernte? Siehe, ich sage euch: Hebt eure Augen auf und seht auf die Felder, denn sie sind reif zur Ernte. (36) Wer erntet, empfängt schon seinen Lohn und sammelt Frucht zum ewigen Leben, damit sich miteinander freuen, der da sät und der da erntet. (37) Denn hier ist der Spruch wahr: Der eine sät, der andere erntet. (37) Ich habe euch gesandt zu ernten, wo ihr nicht gearbeitet habt; andere haben gearbeitet, und euch ist ihre Arbeit zugute gekommen. (39) Es glaubten aber an ihn viele der Samariter aus dieser Stadt um der Rede der Frau willen, die bezeugte: Er hat mir alles gesagt, was ich getan habe. (40) Als nun die Samariter zu ihm kamen, baten sie ihn, bei ihnen zu bleiben; und er blieb zwei Tage da. (41) Und noch viel mehr glaubten um seines Wortes willen (42) und sprachen zu der Frau: Von nun an glauben wir nicht mehr um deiner Rede willen; denn wir haben selber gehört und erkannt: Dieser ist wahrlich der Welt Heiland.

Männer

Das klassische Beispiel für einen inter-religiösen Dialog stellt die Ansprache des Paulus an die Athener auf dem Areopag dar.

Apg. 17, 22-34: (22) Paulus aber stand mitten auf dem Areopag und sprach: Ihr Männer von Athen, ich sehe, dass ihr die Götter in allen Stücken sehr verehrt. (23) Ich bin umhergegangen und habe eure Heiligtümer angesehen und fand einen Altar, auf dem stand geschrieben: Dem unbekannten Gott. Nun verkündige ich euch, was ihr unwissend verehrt. (24) Gott, der die Welt gemacht hat und alles, was darin ist, er, der Herr des Himmels und der Erde, wohnt nicht in Tempeln, die mit Händen gemacht sind, (25) Auch lässt er sich nicht von Menschenhänden dienen wie einer, der etwas nötig hätte, da er doch selber jedermann Leben und Odem und alles gibt. (26) Und er hat aus einem Menschen das ganze Menschengeschlecht gemacht, damit sie auf dem ganzen Erdboden wohnen, und er hat festgesetzt, wie lange sie bestehen und in welchen Grenzen sie wohnen sollen, (27) damit sie Gott suchen sollen, ob sie ihn wohl fühlen und finden könnten; und fürwahr, er ist nicht ferne von einem jeden unter uns. (28) Denn in ihm leben, weben und sind wir; wie auch einige Dichter bei euch gesagt haben: Wir sind seines Geschlechts. (29) Da wir nun göttlichen Geschlechts sind, sollen wir nicht meinen, die Gottheit sei gleich den goldenen, silbernen und steinernen Bildern, durch menschliche Kunst und Gedanken gemacht. (31) Zwar hat Gott über die Zeit der Unwissenheit hinweggesehen; nun aber gebietet er den Menschen, dass alle an allen Enden Buße tun. (32) Denn er hat einen Tag festgesetzt, an dem er den Erdkreis richten will mit Gerechtigkeit durch einen Mann, den er dazu bestimmt hat, und hat jedermann den Glauben angeboten, indem er ihn von den Toten auferweckt hat. (33) Als sie von der Auferstehung der Toten hörten, begannen die einen zu spotten; die andern aber sprachen: Wir wollen dich darüber ein andermal weiterhören. (34) So ging Paulus von ihnen. (34) Einige Männer schlossen sich ihm an und wurden gläubig; unter ihnen war auch Dionysius, einer aus dem Rat, und eine Frau mit Namen Damaris und andere mit ihnen.

In den Paulus-Briefen wird der Begriff Dialog folgendermaßen erläutert:

Kol. 4,6: Eure Rede sei allezeit freundlich und mit Salz gewürzt, dass ihr wisst, wie ihr einem jeden antworten sollt.

Paulus erklärt hier, wie man im Dialog mit dem anderen umgeht und wie man den Dialog führt; er betont die Notwendigkeit der Freundlichkeit, Eindeutigkeit, Verantwortlichkeit und Vorbildlichkeit.

1. Tim. 4,12: Niemand verachte dich wegen deiner Jugend; du aber sei den Gläubigen ein Vorbild im Wort, im Wandel, in der Liebe, im Glauben, in der Reinheit.

2. Tim. 2,23-24: (23) Aber die törichten und unnützen Fragen weise zurück; denn du weißt, dass sie nur Streit erzeugen. (24) Ein Knecht des Herrn aber soll nicht streitsüchtig sein, sondern freundlich gegen jedermann, im Lehren geschickt, der Böses ertragen kann.

Der Dialog ist hier eine Art Gespräch (Disput) zwischen zwei Menschen, ohne den anderen zu verletzen.

Der Dialog zwischen Gott und den Menschen (wie Adam und Eva) und insbesondere zwischen Gott und den Propheten, (wie Noah, Abraham, Moses, usw.) fand entweder als Frage und Antwort, als Streitgespräch oder als liebevoller Dialog statt.

## 5.3 Dialog im Koran

Ähnlich wie in der Bibel finden wir den Dialog auch im Koran, z.B. in folgenden Suren:

Sure 16,125: Lade (die Menschen) mit Weisheit und einer guten Ermahnung auf den Weg deines Herrn ein und streite mit ihnen auf eine möglichst gute Art (oder: auf eine bessere Art (als sie das mit dir tun)?). Dein Herr weiß sehr wohl, wer von seinem Weg abirrt, und wer rechtgeleitet ist.

Das für den Dialog zentrale Wort ist hier *ahl-al-kitab* (Volk des Buches, d.h. Juden und Christen) und ist in der Sure 29,46[22] zu finden, welche eine der wichtigsten Suren im christlich-muslimischen Dialog ist: "Und streitet mit den Leuten der Schrift nie anders als auf eine möglichst gute Art (oder: auf eine bessere Art (als sie das mit euch tun)?) - mit Ausnahme derer von ihnen, die Frevler sind! Und sagt: Wir glauben an das, was (als Offenbarung) zu uns, und was zu euch herab gesandt worden ist. Unser und euer Gott ist einer. Ihm sind wir ergeben."

Hier wird deutlich, dass die Muslime den Dialog mit den Christen auf der Grundlage des gemeinsamen Glaubens an ein und denselben Gott führen. Der Islam versteht den Dialog mit den Christen sozusagen als Einladung an Brüder desselben Vaters. Daher muss der Dialog auch mit Liebe und Freundlichkeit geführt werden.

Wie bereits oben erwähnt, nennt der Koran die Jünger Jesu Christus *hiwariun*, d.h. die dialogführenden Menschen.

Sure 3,52: Als Jesus aber fand, dass sie ungläubig waren, sagte er: "Wer sind meine Helfer (auf dem Weg?) zu Gott?" Die Jünger (*hiwariun*) sagten: "Wir sind die Helfer Gottes. Wir glauben an ihn. Bezeuge, dass wir (ihm) ergeben sind!"

Sure 5,112: (Damals) als die Jünger sagten: "Jesus, Sohn der Maria! Kann dein Herr uns (wohl) einen Tisch (mit Speisen) vom Himmel herab senden?" Er sagte: "Fürchtet Gott, wenn (anders) ihr gläubig seid (und verlangt keine besonderen Wunderzeichen?)!"

Und in Sure 61,14: Ihr Gläubigen! Ihr sollt die Helfer Gottes sein. (Diese Aufforderung ergeht jetzt an euch) so, wie (seinerzeit) Jesus, der Sohn der Maria, zu den Jüngern (Dialogführenden) gesagt hat: "Wer sind meine Helfer (auf dem Weg?) zu Gott?" Die Jünger (Dialogführenden) sagten: "Wir sind die Helfer Gottes". Und eine Gruppe der Kinder Israels war gläubig, eine andere ungläubig. Da stärkten wir diejenigen, die gläubig waren, gegen ihre Feinde, so dass sie die Oberhand (über sie) bekamen.

---

22 In Vers 46, finden wir dann wieder das Wort *dschadal* = Disput, Diskussion, Debatte.

Das Wort *dschadal* (Streit, Auseinandersetzung) finden wir ebenso in Sure 4,109: Ihr habt da im diesseitigen Leben zu ihrer Verteidigung gestritten. Aber wer wird am Tag der Auferstehung mit Gott zu ihrer Verteidigung streiten, oder wer wird (dann) ihr Sachwalter sein?

Wie auch in folgenden Suren:

Sure 11,32: Sie sagten: "Noah! Du hast nun lange genug mit uns gestritten. Bring uns her, was du uns versprichst (oder: androhst), wenn (anders) du die Wahrheit sagst!"

Sure 40,5: (Schon) vor ihnen haben die Leute Noahs und nach diesen (w. nach ihnen) die Heidenvölker (?) (ihre Gesandten) der Lüge geziehen. Jede Gemeinschaft hätte ihren Gesandten am liebsten festgenommen (und unschädlich gemacht). Und sie stritten mit Lug und Trug (w. mit dem, was nichtig ist), um damit die Wahrheit zu Fall zu bringen. Ich aber kam (mit einem Strafgericht) über sie. Und wie war meine Strafe!

Sure 22,68: Und wenn sie (trotzdem) mit dir streiten, dann sag: "Gott weiß sehr wohl, was ihr tut."

Sure 4,107: Und streite nicht zur Verteidigung derer, die (durch ihren Unglauben?) sich selber betrügen! Gott liebt keinen, der ein Betrüger und Sünder ist.

und 4,109: Ihr habt da im diesseitigen Leben zu ihrer Verteidigung gestritten. Aber wer wird am Tag der Auferstehung mit Gott zu ihrer Verteidigung streiten, oder wer wird (dann) ihr Sachwalter sein?

Sure 16,111: Am Tag (des Gerichts), da jede(r) (Seele) kommt, um zu seiner eigenen Verteidigung zu streiten, und jedem voll heimgezahlt wird, was er (im Erdenleben) getan hat! Und ihnen (d.h. den Menschen, die vor dem Gericht stehen) wird (dabei) nicht Unrecht getan.

Das Thema 'Streit', 'Auseinandersetzung' finden wir auch in Sure 7,71: Er sagte: "Von Seiten eures Herrn ist ein Strafgericht und Zorn über euch gekommen (w. hereingebrochen). Wollt ihr (denn) mit mir über (bloße) Namen streiten, die ihr und eure Väter aufgebracht habt, und wozu Gott keine Vollmacht herab gesandt hat? Wartet nur ab! Ich warte mit euch ab." Sure 41,47: Ihm (allein) ist das Wissen um die Stunde (des Gerichts) anheimgestellt. Und keine Früchte kommen aus ihren Hüllen hervor, und kein weibliches Wesen ist schwanger oder bringt (ein Kind) zur Welt, ohne dass er es weiß. Und am Tag (des Gerichts), da er ihnen (d.h. den Ungläubigen) zuruft: "Wo sind (nun) meine (angeblichen) Teilhaber?", sagen sie: "Wir geben dir (hiermit) Bescheid: Unter uns ist kein Zeuge (der die Wahrheit unserer früheren Aussagen bestätigen könnte)."

Zum weiteren Vergleich sei noch auf folgende Suren 6,121; 13,13; 40,35 und 40,56,69 verwiesen.

Dialog findet sich sowohl im Koran als auch in der Bibel. Dies zeigt, dass beide heilige Bücher keineswegs einem fundamentalistischen Monolog das Wort reden.

## 6 Bedeutung des Dialogs im Christentum

Bevor wir in den Dialog eintreten, sollten beide Religionen die historischen Hintergründe von der Entwicklung des Glaubens und der Dogmatiken voneinander wissen.

Ursprünglich hießen die Christen 'Christus-Nachfolger' oder 'die Anhänger des neuen Weges'. Apg. 9.2 heißt es: und bat ihn um Briefe nach Damaskus an die Synagogen, damit er Anhänger des neuen Weges, Männer und Frauen, wenn er sie dort fände, gefesselt nach Jerusalem führe.

Das erste Mal, dass sie Christen genannt wurden, war in Antiochien. Als die christlichen Nachfolger Kaiser Konstantins I. am Ende des 4. Jahrhunderts das athanasianische Christentum des Ostens und Westens zur einzigen erlaubten Religion des Römischen Reiches erklärten, verließen die herrschenden Christen ganz zwangsläufig den von Jesus angedachten Weg; denn von nun an bestimmte die Politik die Religion.

Die anderen christlichen Religionen, z.B. die Richtung des Arius[23], der meinte, dass Jesus Christus zwar ein Gott ungleiches göttliches Wundergeschöpf, nicht aber der Gott-Vater wesensgleiche (gr. *homoousios*) Gott-Sohn sei, mussten daher ausgelöscht werden.

Dazu trat im Jahr 325 n.Chr. zum ersten ökumenischen Konzil in Nizäa zusammen. Diese Versammlung von Kirchenführern war zugleich die erste Reichssynode. Nicht die Kirche gab sich diese kirchliche Spitze, sondern der christenfreundliche Kaiser Konstantin I. (reg. 306-337), der die eben gewonnene Einheit des Reiches nicht durch den arianischen Streit gefährden lassen wollte. Er berief das Konzil, war an seiner Leitung beteiligt und bestätigte die Beschlüsse. Man bekräftigte mit den Beschlüssen dieser Synode den Anfang des Jahres 325 in Antiochien gefällten Vorentscheid gegen die Christologie des Arius. Neu war der Versuch, die gültige Lehre auf einer Synode auch positiv zu bestimmen. In das vorgelegte Bekenntnis brachte Konstantin selber das Stichwort *homousios*[24] als eine nicht genau bestimmte Unionsformel hinein. Erst die nächste Generation erzwang das Recht, die Formel theologisch auszulegen, und machte sie so zu einer wirklich kirchlichen Entscheidung.

Die Synode ordnete ferner die Osterberechnung und die milde Behandlung der Melitianer an. Zwanzig Synodalgesetze, Kanones genannt, regelten Fragen der Disziplin, z. B. der Ketzertaufe, und der Organisation, wie auch Bischofswahlen, Synoden, Vorrechte der Bischöfe von Alexandria, Rom, Antiochien und Je-

[23] Arius, geb.256, war libyscher Abstammung und koptischer Priester in Alexandria. Die koptische Kirche hat seine Lehren abgelehnt. Der Streit mit Arius hat letztendlich zur Einberufung des Konzils von Nizäa (325) geführt.

[24] *homo-ousios*, gr.: (der Gottsohn ist dem Gottvater) wesensgleich.

rusalem. Als Grundlage aller weiteren Lehrentscheidungen und als Muster der kaiserlichen Synodalgewalt gewann die sog. Große Synode von 325 in der alten Kirche eine überragende Autorität.[25]

Auf diesem Konzil spielte die koptische Kirche eine große Rolle, da einer ihrer Bischöfe, Athanasius[26], die Lehre von der Gottsohnschaft Jesu Christi gegen Arius verteidigt hatte.

Das athanasianische Glaubensbekenntnis der Synode von Nizäa[27] (325) lautet:

"Wir glauben an den einen Gott, den Vater, den Allmächtigen, der alles geschaffen hat, Himmel und Erde, die sichtbare und die unsichtbare Welt.

Wir glauben an den einen Herrn Jesus Christus, Gottes eingeborenen Sohn, aus dem Vater geboren vor aller Zeit: Licht vom Licht, wahrer Gott vom wahren Gott, gezeugt, nicht geschaffen, eines Wesens mit dem Vater; durch ihn ist alles geschaffen. Für uns Menschen und zu unserem Heil ist er vom Himmel gekommen, hat Fleisch angenommen durch den Heiligen Geist von der Jungfrau Maria und ist Mensch geworden. Er wurde für uns gekreuzigt unter Pontius Pilatus, hat gelitten und ist begraben worden, ist am dritten Tage auferstanden nach der Schrift und aufgefahren in den Himmel. Er sitzt zur Rechten des Vaters und wird wiederkommen in Herrlichkeit, zu richten die Lebenden und die Toten; seiner Herrschaft wird kein Ende sein.

Wir glauben an den Heiligen Geist, der Herr ist und lebendig macht, der aus dem Vater hervorgeht, der mit dem Vater und dem Sohn angebetet und verherrlicht wird, der gesprochen hat durch die Propheten und die eine, heilige, katholische und apostolische Kirche. Wir bekennen die eine Taufe zur Vergebung der Sünden. Wir erwarten die Auferstehung der Toten und das Leben der kommenden Welt."

Dieses Glaubensbekenntnis ist bis heute die dogmatische Grundlage in der katholischen, orthodoxen und evangelischen Kirche.

---

[25] Vgl. RGG[3]: Bd. 4, S. 1453.

[26] Athanasius, *ca. 295 in Alexandrien, Diakon in Nizäa, 328 Metropolit von Alexandrien. In heftigen, z.T. aus theologischen, z.T. auch aus machtpolitischen Motiven erklärbaren Kämpfen mit Melitianern, Arianern und Eusebianern, in denen Athanasius den Westen auf seine Seite zog, wurde er mehrfach verbannt; RGG[3]: Bd. 1, S. 669 und Gerhards, Albert: Die koptische Kirche - Einführung in das ägyptische Christentum, S. 11 f.

[27] Iznik, Türkei.

### *6.1 Die ökumenischen Konzilien und ihre kirchengeschichtlichen Entwicklungen*

Die Konzilien wurden in folgender zeitlicher Reihenfolge abgehalten:

1. Nizäa I 325; 2. Konstantinopel[28] I 381; 3. Ephesus[29] 431: 4. Chalkedon 451; 5. Konstantinopel II 553; 6. Konstantinopel III 680; 7. Nizäa II 787.

Das nächste wichtige Konzil nach Nizäa I wurde von Kaiser Markian (reg. 450-457) im Jahre 451 nach Chalkedon einberufen. Die Geschichte dieses 4. ökumenischen Konzils ergibt sich aus dem engen Zusammenspiel verschiedener politischer, kirchenpolitischer und theologischer Faktoren. Sie beginnt mit den Protesten des römischen Bischofs Leo I. (reg. 440-461) gegen die sog. Räubersynode zu Ephesus von 449, die aber erst nach dem Regierungsantritt des Kaiserpaares Pulcheria und Markian zu einem Erfolg führten, da das Kaiserpaar ein Übergewicht Alexandriens befürchtete. Im Oktober 451 trat das 4. ökumenische Konzil in Chalkedon zusammen und erkannte den Protest des römischen Bischofs Leo I. an. Anatolios[30], der Nachfolger von Erzbischof Flavian von Konstantinopel, suchte, um die Monophysiten zu beruhigen, die Erstellung eines neuen Bekenntnisses zu vermeiden - vergeblich. Denn gerade ein solches neues Bekenntnis wurde dem Konzil von den römischen Gesandten und vom Hofe abverlangt. Doch wurde durch die Berufung auf Patriarch Kyrill von Alexandrien (reg. 412-444) und dem Bischof von Rom Leo I. sowie durch die Betonung der einen Person Christi neben dessen zwei Naturen eine schroffe Abweisung monophysitischer Auslegungen vermieden.

Die Zuerkennung des zweiten Ehrenrangs unter den Patriarchen - den ersten hatte unstrittig der Bischof von Rom inne - für den Erzbischof von Konstantinopel, dem Neuen Rom, konnte nur in Abwesenheit der römischen Gesandten beschlossen werden.

Das Konzil von Chalkedon bewirkte jedoch keinen dauernden Frieden: das Misstrauen zwischen Rom und Konstantinopel führte alsbald zum sog. Schisma des Patriarchen von Konstantinopel, Akacius (reg. 471-489), und die Unzufriedenheit mit der staatlichen Orthodoxie endete im Osten mit der Abspaltung monophysitischer Kirchen in Ägypten und Syrien. Doch blieb das Bekenntnis von Chalkedon in Kraft und wurde auch später von den evangelischen Kirchen als Richtschnur der Rechtgläubigkeit in die Bekenntnisschriften übernommen.[31]

Seit dem Konzil von Chalkedon gab es keine wirklichen ökumenischen Konzile mehr. Die orientalischen Kirchen, d.h. die koptische, die syrische, die armeni-

---

[28] Istanbul, Türkei.

[29] Kadiköy, Ortsteil von Istanbul, Türkei.

[30] Anatolios (gest. 458 n.Chr.) wurde 449 Erzbischof und 451 der erste Patriarch von Konstantinopel.

[31] RGG$^3$: Bd. 1, S. 1636; siehe auch Gnilka, Joachim: Bibel und Koran, S. 18 f.

sche, die äthiopische und die indische Kirche, beteiligten sich danach nicht mehr an weiteren allgemeinen Konzilien, weil sich die Kirchen in der Frage der göttlichen oder menschlichen Natur von Jesus Christus nicht einigen konnten. Das Konzil von Chalkedon hatte beschlossen, dass in Jesus Christus die göttliche und menschliche Natur getrennt sei. Die orientalischen Kirchen dagegen betonen bis heute die Untrennbarkeit dieser Naturen. So blieben nur die Kirche von Konstantinopel und die Kirche von Rom (bis 1056) zusammen.

Die Gründung Konstantinopels als zweiter Reichshauptstadt durch Konstantin I. im Jahre 330, die damit verbundene Verlagerung des politischen Schwerpunkts und die Ausbildung eines nach der neuen Hauptstadt ausgerichteten gräzisierten römischen Reichsbewusstseins bildeten den Ausgangspunkt dessen, was man gewöhnlich das Byzantinische Reich nennt, das aber im Bewusstsein der Zeitgenossen und auch staatsrechtlich das Römische Reich blieb und sich als Reich schlechthin verstand. Zur griechisch-römischen Komponente der Reichsidee trat nun noch die christliche.

Diese Dreiheit, getragen von einem starken griechischen Kulturstolz, war es, was Byzanz ausmachte, während der orientalische Einfluss mehr äußerlich blieb. Für das kirchliche Leben dieses Reiches war die Gründung Konstantinopels als sog. Zweites Rom ebenfalls entscheidend. Aus dem Zweiten Rom wurde in der Mystik dieser Stadt bald ein sog. Neues Rom, bereit, sich an die Stelle des alten zu setzen. Die Synode von 381 verlieh der Stadt, gerade als Neuem Rom, einen Ehrenprimat unmittelbar nach Alt-Rom. Chalkedon bestätigt die Entwicklung dieses Ehrenprimats Konstantinopels zu einem echten Patriarchat gerade unter Hinweis auf den hauptstädtischen Charakter dieser Stadt.[32] Bedeutete die politische Geschichte des byzantinischen Reiches das Bemühen, das politische Reichsmonopol aufrechtzuerhalten und machtmäßig darzustellen, so ist die byzantinische Kirchengeschichte von dem Bestreben getragen, unter Hintansetzung Alt-Roms und der östlichen Patriarchate, aus den zitierten Synodalgesetzen, den sog. Kanones, einen kirchlichen Monopolanspruch abzuleiten und durchzusetzen, zumindest in Griechenland, Unteritalien, auf dem Balkan und im Orient. Eine Periodisierung der byzantinischen Geschichte, die beiden Strömungen gerecht wird, sieht etwa folgendermaßen aus: 1. die frühbyzantinische Epoche bis etwa zur 2. Hälfte des 7. Jahrhunderts; 2. die hochbyzantinische Zeit bis 1261; 3. die Verfallszeit bis 1453.[33]

Wegen der großen Bedeutung des Nestorius-Streits in diesem kirchlichen Entwicklungsprozess soll nun noch auf dessen Wirken ausführlicher eingegangen werden: Nestorius, geboren nach 381, gestorben um 451, war von 428-431 Erz-

---

[32] Die altkirchlichen Patriarchate sind: Jerusalem, Antiochien, Alexandria, Rom und seit 451 Konstantinopel.

[33] RGG$^3$: Bd. 1, S. 1573.

bischof von Konstantinopel. Aus Antiochien stammend und dort Presbyter, wurde er, als sich der Klerus von Konstantinopel während einer Sedisvakanz auf keinen Nachfolger einigen konnte, von Theodosius II. (reg. 379-395) wegen seiner rednerischen Gaben zum neuen Erzbischof der Hauptstadt berufen. Nestorius bekämpfte die sog. Häretiker. Als Prediger vertrat er die antiochenische Christologie in zugespitzten Formulierungen. Beim Kaiser beliebt, fiel er wohl bei der Kaiserschwester Pulcheria in Ungnade. Die latente Rivalität zwischen Alexandria und Konstantinopel brach aus, als sich vom alexandrinischen Patriarchen Kyrill gemaßregelte Kleriker an Nestorius wandten und seine Unterstützung erbaten. Kyrill ließ im Gegenzug von einem seiner Beobachter die Predigten des Nestorius abhören, gegen die in der Hauptstadt Euseb von Doryläum mit seiner Contestatio polemisiert hatte. Kyrill zog den Bischof von Rom Cölestin I. (reg. 422-432) in die Auseinandersetzungen hinein; Cölestin ließ Nestorius durch Kyrill zum Widerruf auffordern. Nestorius dagegen veranlasste den Kaiser zur Einberufung eines Konzils, das Anklagen gegen Kyrill behandeln sollte. Die Synode tagte im Sommer 431 in Ephesus. Die Verspätung des Metropoliten Johannes von Antiochien und seiner Suffragane ermöglichte es Kyrill, die Leitung der Synode an sich zu reißen und unter Gewaltanwendung die Synode die Absetzung des Nestorius zu beschließen. Eine Gegensynode der Antiochener setzte Kyrill ab. Die beiden Hierarchen wurden in Ephesus[34] arretiert, die weiteren Verhandlungen von Delegationen mit dem Kaiser geführt, wobei die Anhänger Kyrills schließlich siegten. Inzwischen war Kyrill heimlich nach Alexandria entwichen und nahm seine Amtsgeschäfte auf, Nestorius durfte ehrenvoll in sein antiochenisches Kloster zurückkehren. 436 verwies ihn jedoch ein kaiserliches Edikt ins oberägyptische Exil. Dort hörte er noch von der Einberufung zum Konzil von Chalkedon 451 und fasste das als Sieg des rechten Glaubens auf; mit seiner eigenen Rehabilitierung rechnete er nicht.[35]

### 6.2 *Die nestorianische Kirche*

Die Entstehung einer von der byzantinischen Kirche unabhängigen, in ihrer Christologie von Nestorius, seinen Lehrern und Schülern ausgehenden Kirche seit 484, löste das Christentum des persischen Reiches aus der großkirchlichen Entwicklung heraus und setzte zusammen mit dem Monophysitismus der byzantinisch-orthodoxen Mission nach Innerasien hin endgültige Schranken. Anders als die fast allseits von christlichen Völkern umgebenen Jakobiten (s.u.) waren die Nestorianer nach Osten hin in ihrer Mission frei und wirkten alsbald weit nach Asien hinein. Sogar das Dogma des werdenden Islam hat ihren Einfluss erfahren. In Lehre und Symbolik (z.B. Ersatz des Kruzifixes durch das

---

[34] Efes, Türkei.

[35] RGG³: Bd. 4, S. 1405-1406.

bildlose 'Siegeskreuz'), z.T. eigenständig entwickelt, konnte sich bei den Nestorianern auch das Mönchtum nach schweren Kämpfen von der Hierarchie weitgehend lösen, blieb aber fast ganz auf das Zweistromland beschränkt. Die Nestorianer waren auf Jahrhunderte hinaus die räumlich bei weitem ausgedehnteste christliche Konfession, wurden aber (gleich den Jakobiten) nirgends wirklich Staatskirche und blieben wohl überall stets nur eine Minderheit. Kulturell hoch entwickelt, waren sie Mittler des spätantiken Erbes an die Muslime. Von den Kalifen wurden die Nestorianer zeitweise als Sprecher aller Christen ihres Reiches anerkannt, da deren Christologie den Muslimen am erträglichsten erschien.[36]

### *6.3 Die jakobitische Kirche*

Die jakobitische monophysitische Kirche des westlichen Syrien, die sich in den christologischen Kämpfen des 5. und 6. Jahrhunderts gegen die orthodoxe Kirche abgegrenzt hatte und nach der Beendigung des sog. akacianischen Schismas 518/19 durch die byzantinische Orthodoxie weitgehend zerschlagen wurde, gab Jakob Baradai (†578) seit 542 wieder eine feste Struktur.[37] Deshalb wurde sie seit dem 8./9. Jahrhundert nach ihm jakobitische Kirche genannt. Heute lehnt die Kirche den Namen Jakobiten ab und nennt sich, im Sinne eigener Rechtgläubigkeit, syrisch-orthodox. Anders als die monophysitischen Kirchen Armeniens, Ägyptens und Äthiopiens war die jakobitische Kirche nie eine geschlossene Regionalkirche. Sie fand vor allem bei der semitischen Bevölkerung des syrischen Hinterlandes Anhang, während die griechischen Städte mehr der byzantinischen Orthodoxie zuneigten. Eine für sie kennzeichnende Form der Askese wurde das sog. Stylitentum, die Säulenheiligen. Die Schwächung des Griechentums durch das Vordringen der Muslime im 7. Jahrhundert bedeutete deshalb eine Stärkung der Stellung der Jakobiten, die sich inzwischen z. T. auf Kosten der Nestorianer, auch im nördlichen Zweistromlande mit dem Mittelpunkt Mossul ausgebreitet hatten. Hier oder in der Nähe residierte seit dem 7. Jahrhundert der Primas des Ostens[38] als Haupt der östlichen Kirchenprovinz. Dieses Gebiet sowie die Gegenden weiter westlich um Nisibis, Edessa und Tur 'Abhdin blieben seither die Zentren dieser Kirche. Ihre Patriarchen, die sich nach Antiochien (heute: Antakya, Türkei) nennen, lebten meist auf der Wanderschaft und residierten an verschiedenen Orten und Klöstern dieses Raumes. Sie tragen seit 1292 zur Erinnerung an den Patriarchen Ignatius von Antiochien den Namen Ignaz. Ignaz XXXVIII. Ephraem Bar Sauma (reg. 1933-57) trat als His-

[36] RGG$^3$: Bd. 4, S. 1404.

[37] Gnilka, Joachim: Bibel und Koran, S. 19.

[38] *maphrian,* syr. der Befruchter; so genannt, weil er Bischöfe weihen konnte.

toriker seiner Kirche hervor. Sein Nachfolger ist Ignaz XXXIX., Jakob III. Severios (reg. seit 27.10.1957).

Im 17. Jahrhundert gelang den Jakobiten die Gewinnung eines Teils der indischen Thomas-Christen; im selben Jahrhundert verloren sie einen Teil ihrer Gläubigen an die mit Rom sich vereinigende sog. Unierte Kirche, die sich besonders um 1900/10 stark ausbreitete.

Trotz aller wissenschaftlichen Regsamkeit hat die jakobitische Kirche bei der Weitergabe des spätantiken Erbes an den Islam eine dem Nestorianismus vergleichbare Rolle jedoch nicht spielen können.[39]

### *6.4 Die Kirche der arabischen Halbinsel*

In Altarabien gab es Juden[40] und Christen, die Araber waren oder arabisch sprachen. Sie kannten ihre jeweilige Heilige Schrift zunächst nur in mündlicher Form und auch nur partiell. Bekannt waren ihnen nur Thora, Psalter (arab. *sabur*) und Tatians Diatessaron des Neuen Testaments (arab. *indchil* - Evangelium). Die kirchengeschichtlichen Zeugnisse aus diesem Gebiet sind aber nicht in authentischer Form, sondern nur in islamischen Quellen überliefert.[41]

Zunächst stellt sich die Frage, wie das Christentum auf die arabische Halbinsel gelangt ist. Es heißt in der Apg. 2, 11: Juden und Judengenossen, Kreter und Araber: "wir hören sie in unsern Sprachen von den großen Taten Gottes reden." Hier wird also berichtet, dass auch Araber am Pfingsttag in Jerusalem waren, vermutlich arabische Juden auf Pilgerfahrt oder Geschäftsreisende, die von den Ereignissen in und um Jerusalem gehört hatten, nämlich von der Kreuzigung, Auferstehung und Himmelfahrt Jesu. Der Heilige Geist ergoss sich auch über sie und machte sie zu Trägern und Übermittlern des Glaubens. Man sagt auch, dass abgesehen von zahlreichen Handelsreisenden Bartholomäus und Philippus,[42] das Evangelium nach Arabien gebracht hätten.

Das Christentum kam von zwei Seiten her nach Arabien, von Südarabien her aus dem christianisierten Äthiopien und von Nagran und Adan von Norden her.

---

[39] RGG$^3$: Bd. 3, S. 523-524.

[40] In 1.Kön. 10, 1-17 wird uns überliefert, dass es schon in vorchristlicher Zeit Beziehungen durch die Königen Saba nach Jerusalem, also zum Judentum, von Seiten der Araber bestanden.

[41] Kades, Thawrat: Die arabische Bibelübersetzung, S. 11 f.

[42] V.26: Ein Engel des Herrn aber redete zu Philippus und sprach: Steh auf und geh nach Süden auf den Weg, der von Jerusalem nach Gaza hinabführt! Der ist öde. V.27: Und er stand auf und ging hin. Und siehe, ein Mann aus Äthiopien, ein Kämmerer und Mächtiger am Hof der Kandake, der Königin von Äthiopien, welcher ihren ganzen Schatz verwaltete, der war nach Jerusalem gekommen, um anzubeten. V.28 Nun zog er wieder heim und saß auf seinem Wagen und las den Propheten Jesaja. [...] V.36: Und als sie auf der Straße dahinfuhren, kamen sie an ein Wasser. Da sprach der Kämmerer: Siehe, da ist Wasser; was hindert's, dass ich mich taufen lasse?

Die nicht geringe Anzahl äthiopischer Fremdwörter im Koran zeigt, dass man den christlichen Einfluss von Süden her nicht unterschätzen darf. Anders war die Lage im Norden. Von erheblicher Bedeutung ist der Stamm der Ghassaniden[43] für die Verbreitung des Evangeliums gewesen. Diese waren von Südjemen nach Damaskus gezogen und verbreiteten nach ihrer Christianisierung in ihrer alten Heimat das Christentum. Auch übersetzten sie die Bibel vom Hebräischen und Syrischen ins Arabische.[44]

Nach 2. Kor. 11,32 soll auch Paulus in Arabien gewesen sein: "In Damaskus bewachte der Statthalter des Königs Aretas die Stadt der Damaszener und wollte mich gefangen nehmen." Es stellt sich weiterhin die Frage, ob er sich nicht in noch anderen Gebieten Arabiens und sogar im nabatäischen Petra aufgehalten hat.[45]

### *6.5 Arabische Gelehrte und Schriftsteller*

Eine Vielzahl arabischer Dichter und Wissenschaftler hat sich mit biblischen und christlichen Zitaten befasst, wobei nahe liegt, dass sie selbst auch Christen waren. Hier seien nur der Bischof Najran Quss B. Saida al-Aiedi und der Bibelübersetzer Waraqua b. Naufal erwähnt.

Der berühmte arabische Bischof von Najran Quss b. Saida al-Aiedi (600 n.Chr.) hielt seine Predigten auf dem Marktplatz von Ukaz, wobei er den Schwerpunkt auf den Zusammenhang von irdischem Leben und dem Leben nach dem Tode legte. Als Beispiel dafür sei eines seiner Gedichte genannt: "Oh, Menschen, hört und seid euch dessen bewusst: Wer lebt, der muss sterben und wer gestorben ist, der ist hindurch gedrungen."[46]

Der Bibelübersetzer Waraqua b. Naufal war der Cousin von Chaddidscha, der ersten Frau von Muhamad; er war bekannt als Hanif[47], der nach der wahren Religion Abrahams suchen wollte.[48]

---

[43] Gnilka, Joachim: Bibel und Koran, S. 19.

[44] Kades, Tharwat: Die arabische Bibelübersetzung, S. 15-16.

[45] Wilken, Karl-Erich: Petra, die Königin der Karawanenstädte - Petra zur Zeit Jesu, S. 154 u. 160.

[46] Übersetzt aus Cheikho, Louis: Schuara an-Nasrania qabl al-Islam [Die christlichen Dichter vor dem Islam, S. 211.

[47] Luxenberg, Christoph: Die syro-aramäische Lesart des Koran, S. 39.

[48] Siehe Kades, Tharwat: Die arabische Bibelübersetzung, S. 16-17.

### 6.6 *Die Bedeutung des arabischen Christentums*

Gemeinhin ist die Vorstellung verbreitet, dass Arabertum und Islam identisch seien. Damit wird aber die geschichtliche Bedeutung und die heutige Realität des arabischen Christentum verdrängt.[49]

Denn nicht alles, was arabisch ist, ist auch islamisch. Und nicht alles, was islamisch ist, ist auch arabisch.[50]

---

[49] Raheb, Mitri: Das reformatorische Erbe unter den Palästinensern, S. 15.

[50] Die arabisch-sprechenden Muslime machen nur einen kleinen Teil der islamischen Weltbevölkerung aus. Die Masse der Muslime leben in der Türkei, Iran, Pakistan, Afghanistan, Indien, Bangla Desh, Malyasia, Indonesien, nichtarabisches Afrika usw.

# 7 Bedeutung des Dialogs im Islam

Der Begriff Islam stammt aus der arabischen Wurzel *s-l-m*, daraus wird *salam*, d.h. Frieden gebildet. Aus derselben Wurzel leitet sich das Wort Islam ab, welches Hingabe, im theologischen Sinne, dass man sich Gott ergibt, bedeutet. Der Begriff *muslim* (m.) / *muslima* (f.) ist die Partizipalform von *aslama*, womit derjenige gemeint ist, der sich Gott ergibt bzw. derjenige, der glaubt, dass es nur einen einzigen Gott gibt, dessen Prophet Muhammad ist.

## *7.1 Zur Entstehungsgeschichte des Islam*

Der Prophet Muhammad soll nach einer islamischen Tradition im Jahr des Elephanten (ca. 570) geboren worden sein.[51] Er starb 632 n.Chr. in Medina. Seine Geburtsstadt war jedoch Mekka. Im Alter von vierzig Jahren begann er seine Botschaft zu verkündigen. Diese Verkündigung dauerte von 610 bis 622. Danach siedelte er nach Medina über (sog. hidschra). Dort begegnete er Juden und Judenchristen. Mit ihnen führte er immer wieder Streitgespräche und Dialoge über theologische Fragen. Hier zeigt sich, dass der Islam von Anbeginn an den interreligiösen Dialog mit Juden und Christen gesucht und geführt hat.

## *7.2 Die Quellen des Islam*

### *7.2.1 Der Koran*

Der Koran ist das Heilige Buch der Muslime, bestehend aus 114 Suren, der von Gott mittels des Erzengels Gabriel an den Propheten Muhammad teilweise in Mekka und teilweise in Medina herab gesandt wurde. Nach dem islamischen Glauben hat auf diese Weise Gott selbst zu Muhammad gesprochen.

Der Koran wird vorgetragen und gelesen, denn das Wort Koran leitet sich von dem arabischen Wort *qara'a*, d.h. lesen her. Die erste Sure, die Muhammad erhielt (Sure 96), trägt den Namen ‚Der Embryo' und beginnt mit dem Wort *iqra*: "(1) Trag vor, im Namen deines Herrn, der erschaffen hat (2) den Menschen, aus einem Embryo erschaffen hat."

#### *7.2.1.1 Die Auslegung des Koran (tafsir)*

Wer einen Dialog mit den Muslimen führen will, sollte nicht nur den Koran, sondern auch ihre theologischen Kommentare lesen. Denn für das islamische Selbstverständnis sind folgende Gesichtspunkte von größter Bedeutung: "Die

[51] Gnilka, Joachim: Bibel und Koran, S. 22 f.

Auslegung eines Qur'anverses, den Hinweis auf seinen Wert und die Erwähnung seines Offenbarungsanlasses durch klare Worte."[52]

Allerdings ist es einem theologisch unbewanderten Leser verboten, Korantexte nach eigenem Gutdünken zu interpretieren. Ein gläubiger Laie orientiert sich daher stets an der Auslegung eines islamischen Gelehrten.

Wenn man sich mit dem Koran befasst, muss man zu seiner Auslegung einige Regeln beachten: z.B. den Zeitpunkt der Offenbarung, den Ort der Offenbarung (Mekka oder seit 622 n.Chr. Medina) oder den Anlass der Offenbarung.[53] Auch gelten Urteile im Koran zum Teil nur für eine bestimmte Situation, nur für eine bestimmte Zeit oder nur für einen bestimmten Menschen.[54] Auch kann eine spätere Offenbarung eine frühere Offenbarung zum selben Sachverhalt aufheben.[55] So kann z.B. ein hundertprozentig authentischer Hadith (s.u.) einen Koranvers aufheben. Dies ist aber unter muslimischen Wissenschaftlern umstritten. Grundsätzlich muss der Koran in seinem gesamten Kontext verstanden werden. Zur Auslegung eines Koranverses müssen andere Aussagen des Korans herangezogen werden.

### *7.2.2 Die Sunna*

Auszulegen sind nicht nur der Koran, die mündliche Offenbarung Allahs an Mohammed, sondern auch die Sunna, d.h. die Berichte über Aussagen und Taten des Propheten, auch Hadithe (Überlieferungen) genannt.[56]

## *7.3 Die Richtungen des Islam*

Sunniten und die Schiiten sind die größten Gruppen im Islam. Der Unterschied zwischen ihnen ist nicht sosehr theologischer als vielmehr religionspolitischer Natur. Für die Sunniten war nämlich Abu Bakr der erste legitime Kalif und für die Schiiten dagegen Ali, der vierte Kalif in den Augen der Sunniten.

## *7.4 Die Gefährten (sahaba) und Nachfolger (khalifat) des Propheten Muhammad*

Gefährten heißen die Muslime, die mit dem Propheten zusammenlebten, ihn ständig vor Augen hatten und seine Anweisungen und Erklärungen hinsichtlich der Bedeutung und Anwendung der Offenbarungsbotschaft für das tägliche Leben hörten.[57]

---

[52] Ibn Taimiya: Einführung in die Methodologie der Qur'anexegese, S. 7.
[53] Ca. 22% der Offenbarungstexte im Koran haben einen konkreten Anlass.
[54] Z.B. Aussagen zur Steinigung, Weintrinken, Sklaverei usw.
[55] Fischer-Barnicol, Hans A.: Die islamische Welt und Europa, S. 70 f.
[56] Denffer, Ahmad von (Hrsg.): Allahs Gesandter hat gesagt, S. 9.
[57] Denffer, Ahmad von (Hrsg.): Allahs Gesandter hat gesagt, S. 10.

Das Kalifat, d.h. das Amt der Nachfolge Mohammeds in weltlicher Hinsicht, hat sich auf der Grundlage des Koran und der Sunna entwickelt. Die ersten vier sunnitischen Kalifen waren:

1. Abu Bakr (reg. 632-634); 2. Umar (reg. 634-644); 3. Osman (reg. 644-656); 4. Ali (reg. 656-661). Für die Schiiten war Ali wie bereits erwähnt der erste Kalif.

### 7.5 *Die islamischen Dynastien*

Nach diesen vier Kalifen übernahmen Dynastien die Leitung des sunnitischen Islam. Die Umaiyyaden regierten von 661 bis 750 in Damaskus, die Abbasiden von 750 bis 1268 in Bagdad die Fatimiden von 709 bis 1171, in Kairo und ebenfalls Fatimiden von 929 bis 1030 in Cordoba. Mitte des 8. Jahrhunderts gelangte der Islam von Nordafrika (Marokko) nach Südeuropa (Italien und Spanien). Andalusien zeichnete sich bis ins 16. Jahrhundert durch eine islamisch-jüdisch-christliche Mischkultur aus. Gerade das andalusische Beispiel ist für die heutige Dialogsituation relevant, weil es gezeigt hat, dass damals bereits Toleranz und damit ein friedliches Zusammenleben von Juden, Christen und Muslimen möglich war.

### 7.6 *Arabisch-islamische Renaissance*

Die arabisch-islamische Renaissance war grundsätzlich aramäisch, griechisch und persisch geprägt. Die Zeit der Regierung von al-Mansur (reg. 754-775), Harun ar-Raschid (reg. 786-809) und al-Ma'mun (reg. 813-833) gilt den sunnitischen Muslimen als Goldene Zeit.[58] Das Arabische wurde zur Sprache von Kultur und Bildung. Die Beschäftigung mit den nichtmuslimischen Schriften, die vorwiegend aus dem Griechischen ins Arabische übersetzt wurden, erreichte erste Höhepunkte. Besonders sind in diesem Zusammenhang die rational denkenden Gelehrten, wie z.B. Hunain Ibn Ishaq (809-873), Ibn Qutaiba (828-889), und al-Gahiz (873-922) zu nennen.

### 7.7 *Die islamischen Rechtsschulen*

Um die islamische Tradition richtig zu verstehen, müssen an dieser Stelle die vier islamischen Rechtsschulen erwähnt werden: 1. die hanafitische Rechtsschule, gegründet von Abu Hanifa (699-767) und seinen Schülern Abu Yusuf (731-798) und Asch-Schaibani (749-804); 2. die malikitische Rechtsschule, gegründet von Malik ibn Anas (715-795); 3. die schafiitische Rechtsschule, gegründet von Asch-Schafii (767-820); 4. die hanbalitische Rechtsschule, gegründet von Ahmad ibn Hanbal (780-855).

---

[58] Gutas, Dimitri: Greek Thought, Arabic Culture, S. 3.

# 8 Der Dialog zwischen Christen und Muslimen

## *8.1 Im frühen Islam*

In den Hadithen und auch im Koran wird immer wieder berichtet, dass der Prophet Muhammad viele Begegnungen mit Christen, die auf der arabischen Halbinsel lebten, hatte.[59]

## *8.2 Ab dem 9. Jahrhundert n.Chr.*

Im 9. Jahrhundert übersetzten islamische Gelehrte, in enger Zusammenarbeit mit Christen, wie Hunain ibn Ishaq (809-877), viele Texte aus der griechischen Literatur und Philosophie und förderten dadurch den Fortschritt der arabischsprachigen Kultur. Erwähnenswert ist ebenfalls die Abbasidenzeit, während der die Muslime mit den Christen meist in Frieden lebten, was W. Rudolph, A. Springer, A. Schlatter und G. Graf ausführlich in ihren Werken beschreiben.[60]

Von den an dieser Dialogkultur beteiligten christlichen Gelehrten ist ganz besonders Hunain ibn Ishaq zu nennen. Dieser bedeutende Wissenschaftler des 9. Jahrhunderts hat sich zunächst damit beschäftigt, medizinische Abhandlungen und Aufsätze aus dem Griechischen in die syrische Sprache und sodann vom Syrischen ins Arabische zu übertragen. Er stellte dann seine Fähigkeiten und Kenntnisse in den Dienst der christlichen Theologie, indem er -so die Überlieferung von al-Mas'udi - die gesamte Septuaginta[61], direkt aus der griechischen Sprache ins Arabische übersetzt.

Auf islamischer Seite ist zu erwähnen. Abu Mohammed 'Abd Allah b. Muslim b. Qutayba ad-Dinawari (828-889) wurde in Kufa Irak geboren. Er lebte in Bagdad. Seine wichtigsten Werke sind: Kitab al-Ma'arif, 'Uyun al-Ahbar und 'Adab al-Katib. Dieser Gelehrte ist für den islamisch-christlichen Dialog von erheblicher Bedeutung. So hat er u.a. in seinen Werken Kitab al-Ma'arif und 'Uyun al-Ahbar, viel aus der Bibel zitiert, beispielsweise die Schöpfungsgeschichte, und überhaupt hat das Zitatwesen von Wahb b. Munabbih weiter entwickelt.

Im 9. und 10. Jahrhundert hat sich al-Gahiz (873-922) hervorgetan. Sein berühmtestes Werk heißt al-Hayawan.

---

[59] Bsteh: Andreas: Christlicher Glaube in der Begegnung mit dem Islam, S. 11-63.

[60] Rudolph, W.: Die Abhängigkeit des Qorans von Judentum und Christentum; Sprenger, A.: Das Leben und die Lehre des Mohammad; Schlatter, Adolf: Die Entwicklung des jüdischen Christentums zum Islam; Graf, Georg: Geschichte der christlichen arabischen Literatur.

[61] Griechische Übersetzung des Alten Testaments.

Im Gegensatz zu den beiden genannten Jahrhunderten zeichnete sich das 11. Jahrhundert durch Konflikte zwischen den Christen und Muslimen aus, deren Grund in der Kreuzzugsbewegung des westlichen Christentums lag.

Im 12. Jahrhundert hat dann für den Dialog ibn Ruschd (1126-1198) die größte Bedeutung erlangt. Sein latinisierter Name lautet Averroes. Seit dem 13. Jahrhundert kannten ihn bereits dominikanische und franziskanische Theologen, wie z.B. Thomas von Aquin (1225-1274).[62] ibn Ruschd wurde übrigens erst im 19. Jahrhundert von arabischen Christen wiederentdeckt.[63]

### *8.3 Fortschritt und Tradition im 13.-14. Jahrhundert*

In der Zeit vom 11. bis 14 Jahrhundert wurde die europäische Geisteskultur, z.B. Thomas von Aquin und Albertus Magnus (1200-1280), von vielen arabischen Wissenschaftlern wie ibn Sina-Avicenna (980-1037) und den schon genannten ibn Ruschd-Averroes beeinflusst. Arabische Werke der Philosophie, Wissenschaft und Medizin wurden ins Lateinische übersetzt, und bis ins 16. Jahrhundert waren in den medizinischen Schulen Europas die Schriften des großen Arztes ibn Sina in Gebrauch.[64] Wenn auch der Einfluss muslimischer Gelehrter auf den lateinischen Westen sehr groß war, war dies umgekehrt nicht Fall.

Unter vielen anderen islamischen Gelehrten sei noch ibn Khaldun erwähnt, der sich im 14. Jahrhundert mit Texten, die er aus der arabischen Bibelübersetzung entnahm, befasst hat. ibn Khaldun, mit vollem Namen Abu Zaid 'Abd ar-Rahman ibn Mohammed ibn Khaldun Wali ad-Din at-Tuni al-Hadrami al-Ishbili al-Maliki, wurde am 27. Mai 1332 (732 nach der hidschra) in Tunis geboren.[65] Er starb am 17. März 1406 in Kairo gestorben. Seine Familie war zu Anfang des 13. Jahrhunderts aus Sevilla vor der christlich-spanischen Reconquista nach Tunesien geflohen. In Sevilla bereits der regionalen Elite zugehörig erhielt ibn Khalduns Urgroßvater auch im tunesischen Exil schnell hohe Ämter, so dass ibn Khaldun eine politisch-administrative Karriere am Hofe der Hafsiden sicher war. Gemäß der Familientradition studierte er den Koran, die Sunna des Propheten, islamisches Recht und arabische Sprache. In seiner berühmten *muquaddima* (d.h. Einleitung) hat er sich mit der multikulturellen Gesellschaft seiner Zeit auseinander gesetzt. Hauptsächlich hat er sich aber mit der Geschichte der Araber, der Babylonier, Assyrer, Kopten (Ägypter), Israeliten, Perser, Griechen und Römer beschäftigt. Er erkannte u.a., dass die Hautfarbe von

---

62 Flasch, Kurt: Aufklärung im Mittelalter? Die Verurteilung von 1277, S. 36.

63 Kügelgen, A: von: Averroes & die arabische Moderne, S. 61ff.

64 Hourani, Albert: Der Islam im europäischen Denken, S. 18.

65 Ibn Khaldun: Das Buch der Beispiele, S. 9; Hourani, Albert: Die Geschichte der arabischen Völker, S. 17-21.

den Gegebenheiten der Natur abhängig ist und keine rassistischen Schlussfolgerungen zulasse. Er definierte auch den Unterschied zwischen interkulturell und interreligiös, wobei seine interreligiösen Kenntnisse für unsere heutige Situation wieder von großer Aktualität sind. Er betonte immer wieder, dass er sowohl die Thora als auch das Evangelium gelesen habe. Wenn er einen Text mit der Einführungsformel *qara'tu fil-Indschil* (d.h. ich habe im Evangelium gelesen) beginnt, will er damit sagen, dass es sich nicht nur um einen biblischen Text handelt, sondern auch und gerade, dass er ihn tatsächlich in Augenschein genommen hat. Unter anderem erarbeitete eine Lösung der Frage nach dem Opfersohn Abrahams, ob es um Isaak oder Ismael handelte. Gemeinhin sind nämlich die Muslime der Auffassung, dass Ismael und nicht Isaak geopfert werden sollte. Ibn Khalduns Ansichten über die gesellschaftliche Konvivenz der Menschen sind für den Dialog als Notwendigkeit ganz besonders beachtenswert, wenn er argumentiert, dass die unumgängliche Zusammenarbeit der Menschen ein Mindestmaß an entsprechender rationaler gesellschaftlicher Organisation verlange, seien doch alle Menschen noch immer ihrer naturgegeben Aggression gegenüber ihren Artgenossen verhaftet.[66] Zwischen Muslimen und Christen machte er dabei keinen Unterschied. Beide waren vielmehr aufgerufen sich der notwendigen rationalen Gestaltung der Gesellschaft gemeinsam anzunehmen.

Im Jahr 2006 wurde so wohl in Andalusien als auch in den Hauptstädten der arabischen Welt der 600. Todestag ibn Khaldun's gefeiert. Am 11. November 2006 veranstaltete auch das Ägyptische Haus in Zusammenarbeit mit der Johann Wolfgang Goethe-Universität Frankfurt am Main, der Stiftungsprofessur Islamische Religion und dem Fachbereich Evangelische Theologie eine akademische Gedenkfeier für ibn Khaldun, den muslimischen Soziologen und Historiker und Förderer des interreligiösen Dialogs.

### *8.4 Fortschritt und Tradition im 15.-17. Jahrhundert*

Die osmanische Tradition stellte für das christliche Europa ein gewaltiges Problem dar, weil die Osmanen sein gefährlichster politischer Feind waren.[67] Diese politische Bedrohung durch ein islamisch dominiertes Reich hat dazu geführt, dass diese einstige politische Feindschaft bis heute in den Köpfen der Europäer besteht und den christlich-islamischen Dialog außerordentlich erschwert.[68] Es wäre aber äußerst unhistorisch, das alte, politisch begründete Feindbild auf das

---

[66] Ibn Khaldun: Buch der Beispiele, S. 15.

[67] Hourani, Albert: Der Islam im europäischen Denken, S. 17; ders.: Die Geschichte der arabischen Völker, S. 281: "Das Osmanische Reich war eine europäisch-asiatisch-afrikanische Macht; es hatte lebenswichtige Schutzinteressen zu wahren und auf allen drei Kontinenten Feinde."

[68] Hourani, Albert: Die Geschichte der arabischen Völker, S. 276 f.

heutige Verhältnis von Christentum und Islam zu übertragen.[69] Auf der anderen Seite hat aber auch in jener Zeit der Islam den Westen weiterhin positiv beeinflusst; es sei nur auf die Weitergabe von philosophischen und medizinischen Kenntnissen hingewiesen. Ganz besonders wäre hier nochmals hochberühmte islamische Arzt ibn Sina-Avicenna zu nennen.[70] Weit bedeutsamer war aber, dass mit der Reformation der grundsätzliche theologische Dialog mit dem Islam begonnen wurde. Martin Luther, der sich entschieden gegen jeden religiös motivierten Kreuzzug aussprach, stellte sich theologisch der muslimischen Herausforderung und setzte sich mit dem Islam in erstaunlich differenzierter Weise auseinander.[71]

### *8.5 Im 19. und 20. Jahrhundert*

An dieser Stelle ist nun die Entwicklung der christlichen und der islamischen Religion im Nahen Osten zu skizzieren, um ihren Einfluss auf die islamische Erneuerungsbewegung[72] des 19. Jahrhunderts zu untersuchen. Auch mit Rücksicht auf den begonnenen christlich-islamischen Dialog ist daher auf das Verhältnis der genannten Weltanschauungen einzugehen. Schon am Anfang des 17. Jahrhunderts hatten die Jesuiten im islamischen Gebieten ihre Aktivität auf hohem Niveau begonnen und fortlaufend gesteigert. Den Höhepunkt des jesuitischen Einflusses im 19. Jahrhundert bildete 1874 die Gründung der St. Joseph-Universität in Beirut. Bereits seit 1866 gab es eine von Amerikanern gegründete Universität. Die Gründung von Universitäten und Schulen durch christliche Initiativen führte tatsächlich zu einem gewissen bildungsmäßiger Fortschritt in der islamischen Bevölkerung. Albert Hourani schreibt hierzu: "In this period a new element in the population began to grow in importance: those with a modern education, a knowledge of what was happening in the outside world, and a mastery of one or the other of the techniques essential for thriving in modern society."[73]

Albert Hourani weist mit Recht und zutreffend darauf hin, dass es bei der Entwicklung der modernen Gesellschaft entscheidend auf Bildung und Erziehung ankommt, aber auch auf technische Kenntnisse, um so eine Rolle in der sich entwickelnden Gesellschaft spielen zu können. Es leidet keinen Zweifel, dass

---

69 Ein Beispiel für eine solche unhistorische Betrachtungsweise gab kürzlich Papst Benedikt XIV. in seiner bekannten Regensburger Vorlesung (s.u.).

70 Hourani, Albert: Der Islam im europäischen Denken, S. 18.

71 Siehe Weber, Edmund: Die Bedeutung Martin Luthers für die Begründung einer multireligiösen Gesellschaft. In: Journal für Religionskultur Nr. 1 (1997).

72 Im Islam kann es keine Reformation der Religion, sondern nur eine Erneuerung (*idschtihad*) derselben geben. Der Erneuerer wird *mudschadid* genannt.

73 Hourani, Albert: The Modern Middle East, S. 11.

die o.g. Universitäten und Schulen einen durchaus positiven Beitrag zur islamischen Volksbildung geleistet haben.

Muhammad Ali Pascha al-Mas'ud ibn Agha, gen. Mohammed Ali (geb. 1769; 1805 Vizekönig; gest. 1849), der große Reformer Ägyptens im 19. Jahrhundert, griff diese westlich-christlichen Reformimpulse auf und initiierte eine wissenschaftliche und künstlerische Renaissance im Islam, die sein Enkel Ismail fortsetzte. In der Regierungszeit von Mohammed Ali entstanden neue Schulen aller Art sowie Grundausbildungsinstitute, technische Schulen, Militär- und andere Schulen. Aber auch die Art der Ausbildung änderte sich, indem sie wissenschaftlicher und gründlicher wurde.

Anders als in Libanon und Syrien ging in Ägypten die Erneuerung von den Religionen selbst aus - von der islamischen ebenso wie von der christlichen. Im Mittelpunkt der islamischen Aktivitäten stand die berühmte islamische al-Azhar-Universität in Kairo.[74] So lehrten dort Reformer wie z.B. Rifa'a al-Tahtawi (1801-1873)[75], Gamal al-Din al-Afghani (1838-1897)[76] sowie Mohammed 'Abduh (1849-1905).[77]

Einen wesentlichen Faktor der Erneuerungsbewegung stellte eine immer größer werdende Anzahl von Studenten dar, die in Europa studierten und ihr dort erworbenes Wissen mit nach Hause brachten[78].

In der christlich-koptischen Kirche wirkten für den gesellschaftlichen Fortschritt besonders die beiden Patriarchen Butrus al-Gawili (1809-1852) und Kyrill IV (reg. 1854-1861). Darüber hinaus gab es eine Reihe koptischer Reformpolitiker, die über eine lange Zeit hinweg politisch tätig waren, wie z.B. Butrus Gali (1847-1910).[79]

Verstärkt wurde die ägyptische Erneuerungsbewegung, als in der Mitte des 19. Jahrhunderts amerikanische Missionsgesellschaften aus dem Libanon und aus Syrien nach Ägypten kamen. Mit der Gründung der Missionsschulen nahm der pädagogische und religiöse Einfluss des Westens in Syrien, Libanon und Ägypten immer mehr zu.[80]

---

[74] Khoury, Raif G.: Der Islam, S. 84 f.

[75] Tibi, Bassam: Die Krise des modernen Islams, S. 132-133: "Gegen 1818 gab es 23 ägyptische Studenten in Europa ..."

[76] Zaidan, Gh.: Maschahir asch-Scharq: Bd. II, S. 257-26.

[77] Zaidan, Gh: Maschahir asch-scharq: Bd. II, S. 281-288 und Hourani, Albert: The Modern Middle East, S. 130-160.

[78] Tibi, Bassam: Die Krise des modernen Islams, S. 132-133 und S. 142-143.

[79] Butrus Gali ist der Großvater des frühen UNO-Generalsekretärs Butrus Butrus Gali.

[80] Hourani, Albert: Die Geschichte der arabischen Völker, S. 371: "Neben den staatlichen Lehranstalten gab es ein paar wenige neue einheimische Schulen und eine größere Zahl europäischer und amerikanischer Missionsschulen. Im Libanon, in Syrien und Ägypten hatten manche christlichen Gemeinden eigene Schulen, allen voran die Maroniten mit ihrer alten Tradition einer höheren Bildung."

Ebenfalls von großer Bedeutung sind islamische und christliche Schriftsteller, Intellektuelle und Wissenschaftler, die viel zur Entwicklung und zum Fortschritt im Nahen Osten und der islamischen Welt beitrugen.

Dieser islamisch-christliche Kontakt diente auch als Vorbild für das 20. Jahrhundert: Die christlich-islamische Zusammenarbeit vermochte selbst die englischen Kolonialverwaltung in Ägypten nicht zu verhindern. Ihre traditionelle Taktik des 'Teile und Herrsche' hatte keinen Erfolg.

Parallel zu der politischen Entwicklung gab es auch weitere religiöse Motive, die zwar traditionell geprägt waren, aber doch eine Art Fortschritt bewirkten. Obwohl Sayyid Qutb (1906-1966), einer der Führer der Muslimischen Brüderschaft Ägyptens[81] war, war er dennoch von der modernen Philosophie beeinflusst. So hat er während des zweiten Weltkrieges, auch in seinen Büchern, wie z.B. 'Soziale Gerechtigkeit im Islam', die Briten kritisiert.[82]

Im 19. und 20. Jahrhundert gab es eine Reihe von Islamgelehrten, die zur religiösen Erneuerung beigetragen haben und an Bibelübersetzungen beteiligt waren, wie z.B. Yusuf al-Asir (1811-1889), der im Libanon geboren wurde und in Ägypten in der al-Azhar-Universität studierte und lehrte. Erinnert werden soll in diesem Zusammenhang an al-Tahtawi, Afghani und dessen Schüler 'Abduh, die den Dialog mit Christen weitergeführt und gepflegt haben. Für Afghani war die islamische Hochkultur mit dem Islam selbst identisch.[83] Auch al-Tahtawi ist an sich dieser Auffassung; jedoch muss nach seiner Meinung unter Beibehaltung der bisherigen religiösen Grundlage doch eine neue Erneuerung entsprechend der sozialen und gesellschaftlichen Weiterentwicklung einsetzen.[84] Mohammed 'Amara vertritt die Auffassung, dass die Grundlage des Islam in Wirklichkeit nur im Glauben an den einen Gott und in der Bestätigung der Botschaft von Mohammed besteht.[85]

---

[81] Lehrer und Gründer der Muslimischen Bruderschaft Ägyptens war Hassan al-Banna (1906-1949).

[82] Lee, Robert D.: Overcoming Tradition and Modernity: The Search for Islamic Authenticity, S. 83f.

[83] Tibi, Bassam: Die Krise des modernen Islams, S. 126.

[84] Tibi, Bassam: Die Krise des modernen Islams, S. 143: "Der Oxford-Gelehrte Hourani, ..., urteilt in dem Tahtawi-Kapitel seiner Arbeit: 'Tahtawis Vorstellungen über die Gesellschaft und den Staat sind weder eine bloße Neuformulierung traditioneller Ideen, noch sind sie eine einfache Wiedergabe jener Ideen, die er in Paris kennenlernte. Im Großen und Ganzen formuliert er seine Vorstellungen in einer traditionellen Weise: stets beruft er sich auf das Vorbild des Propheten und seiner Anhänger, und seine Konzeption der politischen Herrschaft steht durchaus in der Tradition islamischen Denkens. Aber stellenweise verleiht er ihr eine neue und bedeutsame Substanz'." Vgl. dazu auch 'Amara, M.: Al-'A'mal al-kamila li-sch-schaih Muhammad 'Abduh, Bd. III, S. 296: "Die Natur des Islam mit dem Wissen seiner Grundlagen."

[85] 'Amara, M.: Al-'A'mal al-kamila li-sch-Schaih Muhammad 'Abduh, Bd. III, S. 296.

### 8.6 *Im 21. Jahrhundert*

Am Anfang des 21. Jahrhunderts haben sich die politischen und religiösen Hintergründe durch die Kriege in Afghanistan, Irak, Pakistan, sowie Palästina und Israel verschlechtert. Viele Muslime verstehen diese Kriege als "Kreuzzüge". Auf Seiten des Westens ist heute die Angst vor dem Islam u.a. auch deshalb groß, weil immer mehr Moscheen gebaut werden und in den Großstädten immer mehr islamische Zentren entstehen. Aber die Hauptgründe dieser Angst sind: die Zunahme der politischen Macht des Islam; die wirtschaftliche Ausbreitung und die religiöse Einflussnahme der Muslime auf den Westen. Zwar stellt letztere alleine keine so große Gefahr dar, weil im Westen die traditionelle Religion von geringer Bedeutung ist. Aber alle drei Faktoren zusammen werden vom Westen doch als Bedrohung empfunden. Ängste sind aber auch auf Seiten der Muslime vorhanden, die befürchten, dass nach dem Zerfall des kommunistischen Systems die westlichen Länder den Islam zum neuen Feind erklären, den sie attackieren und bekämpfen wollen.

Der Dialog zwischen den Muslimen und der westlichen Kultur kann einen Beitrag zur Verringerung der Spannungen leisten. Dafür engagieren sollten sich besonders modern denkende islamische und tolerante westliche Intellektuelle. Der Koran unterstützt solche Überlegungen z.B. mit Sure 20,114[86] und mit dem Begriff *ischtihad*, der soviel bedeutet, dass jeder Muslim für neue Gedanken im Rahmen des Korans und der Sunna aufgeschlossen zu sein verpflichtet ist.

In diesem Zusammenhang ist die 9. Islamischen Welt-Konferenz in Kairo vom 13.-16. Juli.1997 zu erwähnen, die sich mit dem Problemfeld: 'Islam und der Westen (Vergangenheit, Gegenwart und Zukunft)' befasste. Der ägyptische Minister für islamische Angelegenheiten und der Präsident der Islamischen Welt-Konferenz, Mahmud Hamdi Zakzouk, eröffnete die Konferenz. Gleichzeitig überbrachte er einen schriftlichen Gruß des ägyptischen Präsidenten Mubarak. Der Patriarch der koptisch-orthodoxen Kirche, Papst Shenouda II., und ibn 'Abd al-Mohssin al-Turky, Minister für islamische Angelegenheiten Saudi- Arabiens und Vertreter aller Delegationen sprachen danach ebenfalls Grußworte. In diesen drei Tagen wurden in verschiedenen Sitzungen 62 Vorträge in den drei Sprachen Arabisch, Englisch und Französisch gehalten und diskutiert.

Im Folgenden sollen Empfehlungen und Gedanken der Teilnehmer aus 82 islamischen Ländern zusammengefasst werden.

Zu Beginn wurde die heutige Weltsituation folgendermaßen beschrieben: Die Menschen leben in einer entscheidenden Epoche der Geschichte, welche die Zukunft in mehrere Generationen bestimmen werde. Allein die Weitergabe

---

[86] Sure 20,114: "Und sag: Herr! Lass mich an Wissen zunehmen!"

weltweiter Informationen und ihre Verbindung machen dies überdeutlich.[87] In einer Zeit, in der sowohl politisch als auch kulturell die Grenzen nach und nach abgebaut werden, muss es einen ernsthaften Dialog zwischen den verschiedenen Kulturen geben, der die Menschen zusammengeführt und sie für neue Kulturen öffnet, damit sie nicht fanatisch ihre eigene Kultur und Nationalität verteidigen, sondern friedlich miteinander leben.[88] Leider sieht dies heutzutage anders aus. Die verschiedenen Kulturen bekämpfen sich und versuchen, sich zu übertrumpfen, anstatt ein friedliches Zusammenleben anzustreben. Die Welt entwickelt sich in eine völlig entgegen gesetzte Richtung, als sie sein sollte; die Entwicklung sollte nämlich in die Richtung Gerechtigkeit, Wahrheit und Gleichberechtigung gehen. Aus Unkenntnis und Ignoranz würden von einigen geistlichen und politischen Führern oder von verschiedenen westlichen Medien über den Islam und die Muslime negative Vorurteile und Unterstellungen verbreitet. Jenseits aller politischen Grenzen hofft die Islamische Weltkonferenz, durch den Dialog die wahren islamischen Rechte zu verdeutlichen und zugleich eine Brücke zur westlichen Kulturen zu errichten - für das Wohl der Menschen und ihre Entwicklung. Die Islamische Weltkonferenz führt weiter aus: Diese Verdeutlichungen bauen auf dem Koran und der Sunna[89] auf, so dass eine brüderliche Gemeinschaft erreicht würde und alle Menschen unter der Herrschaft eines Gottes lebten. Die Entwicklung der Kulturen sollte für das Wohl der Menschen weitergeführt werden. Gott hat die Menschen in verschiedenen Rassen, Hautfarben und Sprachen erschaffen, obwohl sie aus nur 'einem' Vater und 'einer' Mutter abstammen. Dies hat Gott in seiner Weisheit und mit Klugheit so gerichtet. Jedes Volk hat seine eigene Kultur, seine eigenem Grenzen und Rechte[90], obwohl alle Offenbarungsbotschaften ein und dieselbe Quelle haben, und eine die andere ergänzt.[91] Der Islam ist zur Vollendung als letzte Religion gekommen.[92] Er hat einen Teil der vorherigen Kulturen übernommen und, nachdem er diese verarbeitet und registriert hatte, eine neue Kultur mit neuer geistlicher Energie und religiöser Moral geschaffen. Die islamische Kultur hat Wissenschaft und Glauben, Vernunft und die Religion vereint, welche wiederum die Grundlage einer neuen Renaissance für das moderne Europa darstellt.[93] Leider haben sich die Muslime in ihrer Kultur und Zivilisation nicht weiter entwickelt und sind stehen geblieben. Die westlichen Länder sind von der islamischen Kultur befruchtet worden und haben sie in ihrer Entwicklung überholt. Der Westen un-

---

87 Z.B. der Kontakt zwischen den einzelnen Ländern und Kontinenten per Telefon, Fax, Internet usw.

88 Die Wiedervereinigung in Deutschlands und die Einigung Europas sind dafür gute Beispiele.

89 Die prophetische Tradition.

90 Hiermit sind die religiösen Rechte gemeint, z.B. die 10 Gebote usw.

91 Das Christentum ergänzte das Judentum, und der Islam ergänzte das Christen- und das Judentum.

92 Die Muslime sind der Meinung, dass der Islam die letzte Religion ist und keine neue ihm mehr folgen wird.

93 Hiermit ist der Islam im 8. bis 16. Jahrhundert in Südeuropa, z.B. Spanien, Italien usw. gemeint.

terdrückt die Muslime, stellt den Islam schlecht dar und verbreitet rassistischen Fanatismus auf Grund eines falschen Verständnisses seiner alten Kulturen und eines Missverständnisses der islamischen Rechte von Seiten einiger muslimischer Gesellschaften.[94] Dadurch entstehen Hindernisse für eine Kooperation zwischen beiden Kulturen. Trotz allem kann der Islam in seinem Fortschritt und Wachstum in der modernen Kultur bestehen bleiben. Jetzt herrscht eine neue islamische Erweckung, deren Früchte heute noch nicht sichtbar seien. Soweit die Feststellungen der Islamischen Weltkonferenz.

An der Konferenz nahmen Delegierte aus folgenden Ländern teil: Ägypten, Albanien, Algerien, Aserbeidschan, Äthiopien, Bahrain, Bangladesch, Belgien, Benin, Bosnien- Herzegowina, Brasilien, Bulgarien, China, Dänemark, Dagistanische A.R., Deutschland, Djibouti, Eritrea, Frankreich, Griechenland, Großbritannien, Indonesien, Irak, Italien, Japan, Jemen, Jordanien, Kamerun, Kanada, Kasachstan, Kenia, Kolumbien, Kongo, Kosovo, Kuwait, Libanon, Libyen, Makedonien, Malediven, Marokko, Niederlande, Norwegen, Österreich, Oman, Pakistan, Palästina, Russische Föderation, Saudi-Arabien, Schottland, Schweden, Schweiz, Senegal, Simbabwe, Singapur, Spanien, Sri Lanka, Sudan, Syrien, Tansania, Tschad, Türkei, Tunesien, Türkei, Tunesien, Turkmenistan, Ukraine, Vatikan, Vereinigten Emirate.

Außerdem waren folgende Organisationen vertreten: die arabische Liga, der Islamische Weltverband, Organisation der Islamischen Konferenz, ESISKO Organisation, Internationaler Rat für islamische Verkündigung und Unterstützung.

Das Thema der Islamischen Welt-Konferenz 'Der Islam und der Westen' wurde in den folgenden drei Unterthemen abgehandelt: 1. Die Geschichte der Beziehung zwischen Islam und dem Westen;[95] 2. die Position des Islam im Hinblick auf die Nichtchristen in der islamischen Gesellschaft und die Einstellung der westlichen Gesellschaft gegenüber den Muslimen[96] sowie 3. Fortschrittliches Denken und Unterstützung des Dialogs zwischen den Muslimen und dem Westen.[97]

Vom 2.-5. Juli 1998 fand in Kairo die 10. Islamische Weltkonferenz unter dem Thema: 'Der Islam und das 21. Jahrhundert' statt. Als eines der Unterthemen wurde diskutiert: 'Die Religion und das Zeitalter der Globalisierung aus islamischer Sicht.'[98]

---

94 Fanatische Muslime, z.B. im Iran, Afghanistan, Pakistan etc.

95 In der Vergangenheit.

96 In der Gegenwart.

97 In der Zukunft.

98 Referent: Dr. Ahmad Sidki al-Dagani, Palästina. Im Arabischen gibt es drei Worte für den Begriff Globalisierung im Hinblick auf: die Welt: al-'alam, 'aulamma, 'almani; auf den Planeten: kaukab, kaukaba und auf den Kosmos: Kaun, al-kauniya.

Über das Thema 'Globalisierung und Identität'[99] wurde im Frühjahr 1997 in der Akademie des Königreichs Marokko eine Konferenz abgehalten. Die Herbstkonferenz 1997 fand im Studien- und Forschungszentrum für arabische Einheit in Marokko statt und stand unter dem Thema 'Die Araber und die Globalisierung'.

Daraus erkennt man, dass sich arabisch-islamische Intellektuelle sehr intensiv mit der Frage der Globalisierung ihrer Zivilisation auseinandersetzten.

Hier stellt sich die Frage, in welchem Zusammenhang Religion und Globalisierung stehen. Welche Vorstellungen hat die Religion von den Problemen der nahen Zukunft? Wie begegnen sich Religion und Globalisierung? Beeinflussen sich beide gegenseitig? Führt uns die Globalisierung zu einem Weltsystem?

Die islamischen Denker fragen nach den politischen, wirtschaftlichen, kulturellen und religiösen Aspekten der Globalisierung. In welche Richtung geht diese Entwicklung auf religiösem Gebiet, etwa in die Richtung der Einheitsreligion? Welche Bedeutung bleibt dann für den Islam? Führt diese Entwicklung zur Vorherrschaft des westlichen säkularisierten Denkens gegenüber dem religiösen, speziell dem religiös-islamischen?

Ahmad Sidki al-Dagani analysierte in seinem Vortrag 'Die Religion und das Zeitalter der Globalisierung aus islamischer Sicht' den Begriff Weltsystem und kam zu dem Schluss, dass man unter diesem Begriff 'das globale Denken in einem Zeitalter der Kommunikationsrevolution (z.B. durch Fax, Email usw.)' verstehen muss. Seiner Meinung nach ist der Begriff Weltsystem neu und besteht zum einen aus dem Begriff System[100] und zum anderen dem Begriff Welt, welches die Erde und 'das Globale' meint.

Weil er aus islamischer Sicht berichtete, musste er die Begriffe Religion und Islam erklären: Im Arabischen heißt Religion Gehorsam, Urteil und Gesetz (*schari'a*) und Islam bedeutet Gott gehorchen und nach seiner Offenbarung zu leben (*Qur'an*).

Seiner Ansicht nach sollte der Islam global verbreitet werden, da er eine Religion der menschlichen Zivilisation ist und ein großer Teil der Erde, nach der Entwicklung der Renaissance, durch den Islam kulturell erneuert wurde.[101]

Damit stellt sich die Frage einer möglichen gemeinsamen globalen Ethik. Aus islamischer Sicht ruht diese Ethik auf dem Koran, dem Glauben an Gott und auf der Beziehung zu den anderen Menschen. Im Koran Sure 2,115 heißt es dazu:

---

[99] Referent: Muhammad at-Tuhami, Ägypten

[100] System bedeutet "allgemeine Regeln und Richtungen, nach denen sich die Individuen leben und somit eine Gesellschaft mit politischen, sozialen, wirtschaftlichen und kulturellen Aspekten aufgebaut wird".

[101] Z.B. Andalusien, wo Christen, Muslimen und Juden friedlich zusammen lebten und die Renaissance auf Grund des Islam entstand.

"Gott gehört der Osten und der Westen." Al-Dagani hat diesen Gedanken einer globalen Ethik "Gedanken in den zwei Begriffen Frieden und Gerechtigkeit" zusammengefasst. In dem Begriff Islam, so al-Dagani, ist das arabische Wort Salam (Frieden) enthalten und im Koran finden sich mehr als 200 Verse, die Gerechtigkeit fordern und gegen Ungerechtigkeit sprechen. Beide Worte, Frieden und Gerechtigkeit (*'adl*), sind ebenfalls Eigenschaften Gottes und unter den 99 Namen aufgeführt.

Das Thema 'Gerechtigkeit' war (und ist heute noch) für viele islamische Denker der Hauptgegenstand ihrer Forschungen und Studien. Auch findet man im heutigen modernen Islam eine große Bewegung von Organisationen und Institutionen, die sich für die Verwirklichung der Menschenrechte einsetzen.

# 9 Die Heilige Schrift und die Dogmatik im theologischen Dialog der beiden Religionen

## *9.1 Gemeinsame Gebote*

Bei einer Reihe von Geboten lassen sich im Juden- und Christentum bzw. im Islam ähnliche Aussagen finden:

| Bibel 2. Mose 20,3: Du sollst keine anderen Götter haben neben mir. | Koran Sure 17,22: Setz nicht (dem einen) Gott einen anderen Gott zur Seite, damit du (schließlich) nicht getadelt und verlassen dasitzt! |
|---|---|
| 2. Mose 20,12: Du sollst deinen Vater und deine Mutter ehren, auf dass du lange lebest in dem Lande, das dir der HERR, dein Gott, geben wird. | Sure 2,83: Und (damals) als wir die Verpflichtung der Kinder Israels (auf folgende Gebote) entgegennahmen: Ihr sollt nur (dem alleinigen) Gott dienen. Und zu den Eltern (sollt ihr) gut sein, und (ebenso) zu den Verwandten, den Waisen und den Armen. Und sprecht freundlich zu den Leuten! Und verrichtet das Gebet und gebt die Almosensteuer! Daraufhin kehrtet ihr - mit Ausnahme von (einigen) wenigen von euch - (in Missachtung eurer Verpflichtung) den Rücken und wandtet euch ab.<br>Sure 17,23: Und dein Herr hat bestimmt, dass ihr ihm allein dienen sollt. Und zu den Eltern (sollst du) gut sein. Wenn eines von ihnen (Vater oder Mutter) oder (alle) beide bei dir (im Haus) hochbetagt geworden (und mit den Schwächen des Greisenalters behaftet) sind, dann sag nicht 'Pfui!' zu ihnen und fahr sie nicht an, sondern sprich ehrerbietig zu ihnen.<br>Sure 4,36: Und dienet Gott und gesellt ihm nichts (als Teilhaber an seiner Göttlichkeit) bei! Und zu den Eltern (sollt ihr) gut sein, und (ebenso) zu den Verwandten, den Waisen und den Armen, (weiter) zum verwandten und zum fremden Beisassen, zum Gefährten (der euch) zur Seite (steht) (?), zu dem, der unterwegs ist (oder: zu dem, der dem Weg (Gottes) gefolgt (und dadurch in Not gekommen) ist; w. zum Sohn des Wegs), und zu dem, was ihr (an Sklaven) besitzt. Wer eingebildet und prahlerisch ist, den liebt Gott nicht. |

| | |
|---|---|
| 2. Mose 20,13: Du sollst nicht töten. | Sure 17,33: Und tötet niemand, den (zu töten) Gott verboten hat, außer wenn ihr dazu berechtigt seid! Wenn einer zu Unrecht getötet wird, geben wir seinem nächsten Verwandten Vollmacht (zur Rache). Er soll (aber) dann im Töten nicht maßlos sein (und sich mit der bloßen Talio begnügen). Ihm wird ja (beim Vollzug der Rache) geholfen. |
| 2. Mose 20,14: Du sollst nicht ehebrechen. | Sure 17,32: Und lasst euch nicht auf Unzucht ein! Das ist etwas Abscheuliches - eine üble Handlungsweise!<br>Sure 17,34: Und tastet das Vermögen der Waise nicht an, es sei denn auf die (denkbar) beste Art! (Lasst ihr Vermögen unangetastet) bis sie volljährig geworden ist (und selber darüber verfügen darf)! Und erfüllt die Verpflichtung (die ihr eingeht)! Nach der Verpflichtung wird (dereinst) gefragt. |
| 2. Mose 20,15: Du sollst nicht stehlen. | Sure 5,38: Wenn ein Mann oder eine Frau einen Diebstahl begangen hat, dann haut ihnen die Hand ab! (Das geschehe ihnen) zum Lohn für das, was sie begangen haben, und als warnendes Exempel von Seiten Gottes. Gott ist mächtig und weise. |

Das erste Gebot: "Du sollst keine anderen Götter haben neben mir" (2. Mose 20,3) entspricht der Aussage in Sure 17,22: "Setze nicht (dem einen) Gott einen anderen Gott zur Seite, damit du (schließlich) nicht getadelt und verlassen dasitzt!"

2. Mose 20,12: "Du sollst deinen Vater und deine Mutter ehren ..." entspricht Sure 2,83 und 17,23: "Und (damals) als wir die Verpflichtung der Kinder Israel (auf folgende Gebote) entgegennahmen: Dient nur (dem alleinigen) Gott! Und zu den Eltern (sollt ihr) gut sein, und (ebenso) zu den Verwandten, den Waisen und den Armen. Und sprecht freundlich zu den Leuten! Und verrichtet das Gebet (*salat*) und gebt die Almosensteuer (*zakat*)! Daraufhin kehret ihr - mit Ausnahme von (einigen) wenigen von euch - (in Missachtung eurer Verpflichtung) den Rücken und wendet euch ab."

"Und zu den Eltern sollt ihr gut sein. Wenn eines von ihnen (Vater oder Mutter) oder (alle) beide bei dir (im Haus) hoch betagt geworden (und mit den Schwächen des Greisenalters behaftet sind), dann sag nicht 'Pfui!' zu ihnen und fahr sie nicht an, sondern sprich ehrerbietig zu ihnen, ..."

2. Mose 20,13: "Du sollst nicht töten" entspricht Sure 17,33: "Und tötet niemand, den (zu töten) Gott verboten hat, außer wenn ihr dazu berechtigt seid!

Wenn einer zu Unrecht getötet wird, geben wir seinem nächsten Verwandten (*wali*) Vollmacht (zur Rache). Er soll (aber) dann im Töten nicht maßlos sein (und sich mit der bloßen Talio begnügen). Ihm wird ja (beim Vollzug der Rache) geholfen (*innahu kana mansuran*)."

2. Mose 20,14: "Du sollst nicht ehebrechen." entspricht Sure 17,32: "Und lasset Euch nicht auf Unzucht ein. ..."

2. Mose 20,15: "Du sollst nicht stehlen" entspricht Sure 17,34: "Und tastet das Vermögen der Waise nicht an, ..." und Sure 5,38: "Wenn ein Mann oder eine Frau einen Diebstahl begangen hat, dann haut ihnen die Hand ab! ..."

Das Liebesgebot (3. Mose; 19,18), "Du sollst deinen Nächsten lieben, wie dich selbst" ist im Koran nicht in gleicher, aber doch in ähnlicher Weise vorhanden. Der Muslim soll nicht nur seine Eltern, sondern auch seine Nachbarn, Verwandte und Fremde lieben. Dies ist in folgenden Suren zu finden:

Sure 4,36: "Und dienet Gott und gesellt ihm nichts (als Teilhaber an seiner Göttlichkeit) bei! Und zu den Eltern (sollt ihr) gut sein, und (ebenso) zu den Verwandten, den Waisen und den Armen, (weiter) zum verwandten und zum fremden Beisassen (*wal-gari di l-qurba wal-gari l-gunubi*), zum Gefährten (der euch) zur Seite (steht) (*?as-sahibi bil-ganbi*), zu dem, der unterwegs ist und zu dem, was ihr (an Sklaven) besitzt. Wer eingebildet und prahlerisch ist, den liebt Gott nicht."

Sure 16,90: "Gott befiehlt (zu tun), was recht und billig ist (*bil-adli*), gut zu handeln (*wal-ihsani*) und den Verwandten zu geben (was ihnen zusteht). Und er verbietet (zu tun), was abscheulich oder verwerflich ist, und gewalttätig zu sein (*wal-bagyi*). Er ermahnt euch (damit). Vielleicht würdet ihr die Mahnung annehmen (*tadakkaruna*)."

Sure 29,46: "Und streitet mit den Leuten der Schrift nie anders als auf eine möglichst gute Art - mit Ausnahme derer von ihnen, die Frevler sind! Und sagt: Wir glauben an das, was (als Offenbarung) zu uns, und was zu euch herab gesandt worden ist. Unser und euer Gott ist einer. Ihm sind wir ergeben (*muslim*)."

Sure 30,38: "Gib nun dem Verwandten, was ihm (von Rechts wegen) zusteht, ebenso dem Armen und dem, der unterwegs ist! Das (zu tun) ist gut für diejenigen, die (immer nur) Gott vor Augen haben. Denen (die so handeln) wird es wohl ergehen."

Zusammenfassend kann man sagen, dass die Bibel und der Koran gemeinsame Quellen und gleiche Anliegen haben. Sie beruhen beide auf der Geschichte Gottes mit dem auserwählten Volk, wie sie in der Bibel bezeugt wird. Ihr gemeinsames Anliegen ist das Verhältnis Gott/Mensch und Mensch/Gott, das letztlich den Glauben ausmacht. Über den Weg zum und im Glauben trennen sich jedoch die Auffassungen.

Im Islam zeigt sich Gott als der rettende und erlösende Gott, der dem Menschen durch seine Gebote und Verbote verbindliche Richtlinien zum Verhältnis Gott/Mensch und Mensch/Gott aufzeigt. Im Christentum ist dieser Weg geprägt durch die Liebe in Jesus Christus. So heißt es im 1. Johannesbrief: Ihr Lieben, lasset uns einander liebhaben; denn die Liebe ist von Gott, und wer liebhat, der ist von Gott geboren und kennt Gott. Wer nicht liebhat, der kennt Gott nicht; denn Gott ist Liebe. Darin ist erschienen, die Liebe Gottes unter uns, dass Gott seinen eingeborenen Sohn gesandt hat in die Welt, dass wir durch ihn leben sollen. Darin steht die Liebe: nicht, dass wir Gott geliebt haben, sondern dass er uns geliebt hat und gesandt seinen Sohn zur Versöhnung für unsre Sünden. (1. Joh. 4,7-10)

Und wir haben erkannt und geglaubt die Liebe, die Gott zu uns hat. Gott ist die Liebe; und wer in der Liebe bleibt, der bleibt in Gott und Gott in ihm. (1. Joh. 4,16)

Jesus Christus hat im Johannes Evangelium alle Gebote in einem zusammengefasst: Das ist mein Gebot, dass ihr euch untereinander liebet, gleichwie ich euch liebe. (Joh. 15,12):

## *9.2 Die fünf Säulen im Christentum und Islam*

| Christentum | Islam |
|---|---|
| 1. Das Glaubensbekenntnis<br>2. Das Gebet Mt. 6,5-10<br>3. Das Fasten Mt. 6,16-18<br>4. Das Almosensteuer (Sadakka), Mt. 6,1-4<br>5. Die Pilgerfahrt nach Bethlehm und Jerusalem | 1. Das Glaubensbekenntnis<br>2. Das Gebet<br>3. Das Fasten (Der Monat Ramadan)<br>4. Die Pflichtsteuer (Sakat)<br>5. Die Pilgerfahrt nach Mekka |

### *9.2.1 Glaubensbekenntnis*

Das arabische Wort für Bekenntnis heißt *schahada*. Obwohl Christen und Muslime an einen Gott glauben, gibt es Unterschiede.

In Sure 10,19 (Jonas) steht: Die Menschen waren (ursprünglich) nur eine einzige Gemeinschaft. Dann wurden sie uneins. Und wenn es nicht ein Wort von deinem Herrn gäbe, das bereits vorliegt (und das ihnen Aufschub gewährt), wäre zwischen ihnen über das, worüber sie uneins sind, (schon) entschieden worden.

Der Koran lässt keinen Zweifel daran aufkommen, dass Meinungsunterschiede schon von Gott vorgesehen sind. Deswegen können die Menschen auch im Dialog über die Frage nach Gott (Allah) diskutieren!

So wird vom Islam die Trinitätslehre abgelehnt, da die Muslime die Dreifaltigkeit als Polytheismus verstehen.

Sure 112: (1) Sag: "Er ist Gott, ein Einziger, (2) Gott, durch und durch (er selbst)(?) (w. der Kompakte) (oder: der Nothelfer(?), w. der, an den man sich (mit seinen Nöten und Sorgen) wendet, genauer: den man angeht?). (3) Er hat weder gezeugt, noch ist er gezeugt worden. (4) Und keiner ist ihm ebenbürtig."

Genauso heißt es in Sure 5,17: Ungläubig sind diejenigen, die sagen: "Gott ist Christus, der Sohn der Maria". Sag: "Wer vermöchte gegen Gott etwas auszurichten, falls er (etwa) Christus, den Sohn der Maria, und seine Mutter und alle, die auf der Erde sind, zugrunde gehen lassen wollte? Gott hat die Herrschaft über Himmel und Erde und alles was dazwischen ist. Er schafft, was er will, und hat zu allem die Macht."

Sure 10,68: Sie (d.h. die Ungläubigen, oder: die Christen?) sagen: "Gott hat sich ein Kind (oder: Kinder) zugelegt." Gepriesen sei er! Er ist der, der reich (oder: auf niemand angewiesen) ist (und so etwas nicht nötig hat). Ihm gehört (ohnehin alles), was im Himmel und auf der Erde ist. Ihr habt dazu (d.h. zu dieser eurer Behauptung) keine Vollmacht. Wollt ihr (denn) gegen Gott etwas aussagen, wovon ihr kein Wissen habt?

Ein klarer Unterschied zwischen Christentum und Islam besteht somit im Verständnis der Beziehung von Jesus und Gott. Im Dialog sollte jeder seinen Glauben darstellen und jeder soll seinen persönlichen Glauben an den einen Gott beibehalten.

Sure 10,10: Sie rufen (wenn sie) darin (eintreten) aus: "Gepriesen seiest du, o Gott!", und werden mit 'Heil!' begrüßt. Und sie schließen (ihrerseits) mit dem Ausruf: "Lob sei Gott, dem Herrn der Menschen in aller Welt!"

1. Joh. 5,1: Wer glaubt, dass Jesus der Christus ist, der ist von Gott geboren; und wer den liebt, der ihn geboren hat, der liebt auch den, der von ihm geboren ist.

Jesus als Gottessohn nehmen die Muslime nicht an.

Ein weiterer Unterschied in dem Verständnis von Jesus Christus ist die Kreuzigung Jesu.

Sure 4,157: und (weil sie) sagten: "Wir haben Christus Jesus, den Sohn der Maria und Gesandten Gottes, getötet." - Aber sie haben ihn (in Wirklichkeit) nicht getötet und (auch) nicht gekreuzigt. Vielmehr erschien ihnen (ein anderer) ähnlich (so dass sie ihn mit Jesus verwechselten und töteten). Und diejenigen, die über ihn (oder: darüber) uneins sind, sind im Zweifel über ihn (oder: darüber). Sie haben kein Wissen über ihn (oder: darüber), gehen vielmehr Vermutungen nach. Und sie haben ihn nicht mit Gewissheit getötet (d.h. sie können nicht mit Gewissheit sagen, dass sie ihn getötet haben).

Joh. 3,16: Denn also hat Gott die Welt geliebt, dass er seinen eingeborenen Sohn gab, damit alle, die an ihn glauben, nicht verloren werden, sondern das ewige Leben haben.

An dieser Stelle ist ein hoher theologischer Erklärungsbedarf, denn dieser Vers ist eine zentrale Aussage des christlichen Glaubens. Die Kreuzigung muss theologisch klar sein: "Warum glauben Christen an die Kreuzigung?"

Für die Muslime ist die Kreuzigung inakzeptabel, weil Gott seinen Gesandten nicht verlässt. Der Kreuzigungstod wird von den Muslimen als ein solches Verlassen verstanden.

Sowohl die Bibel als auch der Koran berichten vom Heiligen Geist, der in der arabischen Sprache auch mit demselben Begriff wie im Hebräischen, sc. *Ruh*, d.h. Geist, belegt ist.

Das arabische Wort *ruh* hat verschiedene Bedeutungen: Lebensgeist, Lebensodem, Seele, Geist (als Gegensatz zur Materie), Heiliger Geist, Geisteszustand.

Man findet z.B. in folgenden Suren, dass der heilige Geist als der verstanden wird, der Jesus stärkte und führte.

Sure 2,253: Wir haben Jesus, dem Sohn der Maria, die klaren Beweise gegeben und ihn mit dem Heiligen Geist gestärkt ...

Sure 5,110: Damals als Gott sagte: "Jesus, Sohn der Maria! Gedenke meiner Gnade, die ich dir und deiner Mutter erwiesen habe, als ich dich mit dem heiligen Geist stärkte, so dass du schon in der Wiege zu den Leuten sprachst."

Im Koran wird das Wort Geist in verschiedenen Formen und Bedeutungen und in verschiedenen Zusammenhängen gebraucht:

Sure 12,87: Ihr Söhne! Gehet hin und forschet nach Joseph und seinem Bruder! Und gebt nicht die Hoffnung auf, dass Gottes Barmherzigkeit euch begleitet bis ihr ihn findet (*wa-la tai asu min rauhi llahi*))!" Hier wird der Geist als Geist Gottes, als Barmherzigkeit verstanden.

Der heilige Geist wird, wie bereits gesagt, im Koran, als der verstanden, der Jesus stärkte und führte. Hier wird nun der Unterschied zum christlichen Glauben deutlich, der den Heiligen Geist in wesensmäßiger Einheit mit dem Schöpfer und Vater sieht (Trinität).

Sag: "Der heilige Geist hat ihn (d.h. den Koran) von deinem Herrn mit der Wahrheit herab gesandt, um diejenigen, die glauben, zu festigen, und als Rechtleitung und Frohbotschaft für die, die sich (Gott) ergeben haben."

Sure 40,15: (Er ist) von hohem Rang und Herr des Throns. Er lässt den Geist von seinem Logos kommen, auf wen von seinen Dienern er will, damit er (seine Zeitgenossen) vor dem Tag des Zusammentreffens warne, ...

Der Geist Gottes führt nach islamischer Sicht die Propheten, um die Menschen vor ihrem Verderben zu warnen. Ähnlich wie in biblischer Sicht sind die Propheten Vermittler des Willen Gottes.

In den islamischen Geburtsgeschichten Jesu wird der Heilige Geist mit dem Engel Gabriel gleichgesetzt.

Zusammenfassend können wir sagen: Der Heilige Geist wird im Islam als Führer, Inspirator und Vermittler des Willen Gottes gesehen. Er ist hier nicht mit Gott identisch, was im Gegensatz zum christlichen Glauben steht.

### *9.2.2 Gebet*

Im Arabischen heißt das Gebet *salat*. Untersuchungen haben gezeigt, dass dieses Wort ursprünglich aus dem Hebräischen stammt.[102]

Im Christentum finden wir verschiedene Formen des Gebetes, Lk. 18,1-8 zeugt davon, dass Christen beten müssen: (1) Er sagte ihnen aber ein Gleichnis darüber, dass sie allezeit beten und nicht nachlassen sollten, (2) und sprach: Es war ein Richter in einer Stadt, der fürchtete sich nicht vor Gott und scheute sich vor keinem Menschen. (3) Es war aber eine Witwe in derselben Stadt, die kam zu ihm und sprach: Schaffe mir Recht gegen meinen Widersacher! (4) Und er wollte lange nicht. Danach aber dachte er bei sich selbst: Wenn ich mich schon vor Gott nicht fürchte noch vor keinem Menschen scheue, (5) will ich doch dieser Witwe, weil sie mir so viel Mühe macht, Recht schaffen, damit sie nicht zuletzt komme und mir ins Gesicht schlage. (6) Da sprach der Herr: Hört, was der ungerechte Richter sagt! (7) Sollte Gott nicht auch Recht schaffen seinen Auserwählten, die zu ihm Tag und Nacht rufen, und sollte er's bei ihnen lange hinziehen? (8) Ich sage euch: Er wird ihnen Recht schaffen in Kürze. Doch wenn der Menschensohn kommen wird, meinst du, er werde Glauben finden auf Erden?

Die öffentliche Gebetsform ist Teil des Gottesdienstes, den schon die Synagoge kennt, und ist bis heute Praxis der christlichen Kirchen. Das Vater Unser ist als ein solches öffentliches Gebet im Matthäus-Evangelium überliefert:

Mt. 6,9 ff.: (9) Darum sollt ihr so beten: Unser Vater im Himmel! Dein Name werde geheiligt. (10) Dein Reich komme. Dein Wille geschehe wie im Himmel so auf Erden. (11)Unser tägliches Brot gib uns heute. (12) Und vergib uns unse-

[102] Kades, Tharwat: Die arabische Bibelübersetzung, S.125.

re Schuld, wie auch wir vergeben unsern Schuldigern. (13) Und führe uns nicht in Versuchung, sondern erlöse uns von dem Bösen. [Denn dein ist das Reich und die Kraft und die Herrlichkeit in Ewigkeit. Amen.] (14) Denn wenn ihr den Menschen ihre Verfehlungen vergebt, so wird euch euer himmlischer Vater auch vergeben. (15) Wenn ihr aber den Menschen nicht vergebt, so wird euch euer Vater eure Verfehlungen auch nicht vergeben.

In Mt. 6,5-8 heißt es, dass der Christ auch das häusliche Einzelgebet pflegen soll: (5) Und wenn ihr betet, sollt ihr nicht sein wie die Heuchler, die gern in den Synagogen und an den Straßenecken stehen und beten, damit sie von den Leuten gesehen werden. Wahrlich, ich sage euch: Sie haben ihren Lohn schon gehabt. (6) Wenn du aber betest, so geh in dein Kämmerlein und schließ die Tür zu und bete zu deinem Vater, der im Verborgenen ist; und dein Vater, der in das Verborgene sieht, wird dir's vergelten. (7) Und wenn ihr betet, sollt ihr nicht viel plappern wie die Heiden; denn sie meinen, sie werden erhört, wenn sie viele Worte machen. (8) Darum sollt ihr ihnen nicht gleichen. Denn euer Vater weiß, was ihr bedürft, bevor ihr ihn bittet.[103]

Im Christentum gibt es im Bezug auf die Körperhaltung keine unbedingten Verpflichtungen. Es ist jedem selber überlassen ob er kniet, sitzt, steht oder sonst eine Körperhaltung wählt.

Im Islam ist das Gebet, das die zweite Stelle unter den Fünf Säulen des Islam einnimmt, nicht nur eine Pflicht, sondern auch *dua*, d.h. Fürbitte. Der Moslem muss fünfmal am Tag beten:

1. Vor Sonnenaufgang;
2. mittags, wenn die Sonne am höchsten steht;
3. nachmittags;
4. nach Sonnenuntergang;
5. abends.

Die Zeiten für diese Gebete ruft der Gebetsrufer (*muezzin*)[104] vom Minarett der Moschee aus.

Sure 48,13: Wer nicht an Gott und seinen Gesandten glaubt (muss sich auf ein schlimmes Ende gefasst machen). Für die Ungläubigen haben wir einen Höllenbrand bereit.

Das Gebet ist mit Ritualen verbunden. In Vorbereitung des Gebets hat der Beter sich u.a. mit Wasser zu reinigen.[105]

---

[103] Schimmel, Annemarie: Dein Wille geschehe, zeigt, dass jedes Element des Vaterunsers im Islam zu finden ist.

[104] Der Muezzin braucht dazu keinen Religionsgelehrten oder Imam; er kann seine Pflichtgebete in selbstständiger Verantwortung durchführen.

### 9.2.3 *Fasten*

Fasten hat eine lange Tradition in allen Religionen der Welt und so auch im Judentum, Christentum und Islam.

#### 9.2.3.1 *Im Judentum*

2. Mose 34,28: Und Mose blieb vierzig Tage und vierzig Nächte dort beim Herrn. Brot aß er nicht, und Wasser trank er nicht. Und er schrieb auf die Tafeln die Worte des Bundes, die zehn Worte.

Deut 9,9: als ich auf den Berg gegangen war, die steinernen Tafeln zu empfangen, die Tafeln des Bundes, den der HERR mit euch schloss, und ich vierzig Tage und vierzig Nächte auf dem Berge blieb und kein Brot aß und kein Wasser trank.

1. Kön 19,8: Und er stand auf und aß und trank und ging durch die Kraft der Speise vierzig Tage und vierzig Nächte bis zum Berg Gottes, dem Horeb.
Diese Verse verdeutlichen, welche Bedeutung das Fasten als alte Tradition im Leben der Propheten Moses und Elia hatte. In dieser Tradition hat die Zahl vierzig eine tiefe Bedeutung.

##### 9.2.3.1.1 *Als Pflicht*

Eine Vision oder eine Offenbarung bedarf einer Vorbereitung durch Fasten. Das war also eine Pflicht für die Propheten, wie wir durch den Zusammenhang und die wiederholende Erwähnung des Fastens von vierzig Tagen vor einer solchen Vision oder Offenbarung erkennen können.

##### 9.2.3.1.2 *Freiwillig*

Esra 8,21: Dann rief ich dort am Fluss bei Ahawa ein Fasten aus; so wollten wir uns vor unserem Gott beugen und von ihm eine glückliche Reise erbitten für uns, unsere Familien und die ganze Habe.

##### 9.2.3.1.3 *Gemeinsam*

Neh. 9,1: Am vierundzwanzigsten Tage dieses Monats kamen die Israeliten zu einem Fasten zusammen, in Säcke gehüllt und mit Erde auf ihren Häuptern.

1. Samuel 7,6: Und sie kamen zusammen in Mizpa und schöpften Wasser und gossen es aus vor dem Herrn und fasteten an demselben Tage und sprachen

---

[105] Die rituellen Gebetshaltungen im Islam rührten aus der jüdisch-christlichen Tradition her. Dazu gehören das Ausziehen der Schuhe (2. Mose 3,5), das Stehen (Lk 18,11 u.13), das Verbeugen (Ps. 44,26) und das Knien (Ps. 95,6; Apg. 21,5; Eph. 3,14) usw.

dort: Wir haben an dem Herrn gesündigt. So richtete Samuel die Israeliten zu Mizpa.

### 9.2.3.2 Im Christentum

Das griechische Wort *νηστεία* (*nästeia*) = Fasten bedeutet, dass der Christ sich der Speise enthalten solle, um sich ganz auf Gott und das Gebet konzentrieren zu können.

#### 9.2.3.2.1 Im Neuen Testament

Obwohl Jesus gegenüber den Jüngern des Johannes erklärt hatte, dass er während seiner Anwesenheit seinen eigenen Jüngern das Fasten erlassen habe (Mt. 9,14-17), fastete er selbst (s.u.), und auch in der Urgemeinde bildete sich allmählich eine Fastenpraxis heraus.[106]

In 2. Kor. 6,5: in Schlägen, in Gefängnissen, in Verfolgungen, in Mühen, im Wachen, im Fasten (vgl. auch 2.Kor. 11,27) ist ein erzwungenes Fasten zu vermuten. (27) in Mühe und Arbeit, in viel Wachen, in Hunger und Durst, in viel Fasten, in Frost und Blöße.

Auch finden wir das Fasten als Zeichen der Trauer in Mk. 2,19f: "nd Jesus sprach zu ihnen: Wie können die Hochzeitsgäste fasten, während der Bräutigam bei ihnen ist? Solange der Bräutigam bei ihnen ist, können sie nicht fasten. 20 Es wird aber die Zeit kommen, dass der Bräutigam von ihnen genommen wird; dann werden sie fasten, an jenem Tage. (vgl. auch Lk 5,34f.)

Mt. 4,2: Und da er vierzig Tage und vierzig Nächte gefastet hatte, hungerte ihn.

Mk. 1,13: und er war in der Wüste vierzig Tage und wurde versucht von dem Satan und war bei den wilden Tieren, und die Engel dienten ihm.

Hier sehen wir, dass Jesus nach der alten jüdischen Tradition gefastet hat, um sich auf seinen Dienst durch ein vierzigtägiges Fasten auf einem Berg vorzubereiten.

Apg. 13,1-3: (1) Es waren aber in Antiochia in der Gemeinde Propheten und Lehrer, nämlich Barnabas und Simeon, genannt Niger, und Luzius von Kyrene und Manaën, der mit dem Landesfürsten Herodes erzogen worden war, und Saulus. (2) Als sie aber dem Herrn dienten und fasteten, sprach der heilige Geist: Sondert mir aus Barnabas und Saulus zu dem Werk, zu dem ich sie berufen habe. (3) Da fasteten sie und beteten und legten die Hände auf sie und ließen sie ziehen.

---

[106] Die Pharisäer hatten festgelegt am Montag und am Donnerstag zu fasten Lk. 18,12: "Ich faste zweimal in der Woche und gebe den Zehnten von allem, was ich einnehme."

Nach Vers 1 sehen wir, dass hier Prophet und Lehrer den Dienst tun. Nach Vers 2 war der Dienst an das Fasten gebunden, und dadurch konnte der Heilige Geist zu ihnen sprechen. Vers 3 macht die Zusammengehörigkeit von Fasten und Beten deutlich.

Apg. 27,9: Da nun viel Zeit vergangen war und die Schiffahrt bereits gefährlich wurde, weil auch die Fastenzeit schon vorüber war, ermahnte sie Paulus

Apg. 27,21: Und als man lange nichts gegessen hatte, trat Paulus mitten unter sie und sprach: Liebe Männer, man hätte auf mich hören sollen und nicht von Kreta aufbrechen, dann wäre uns Leid und Schaden erspart geblieben.

Apg. 27,33: Und als es anfing hell zu werden, ermahnte Paulus sie alle, Nahrung zu sich zu nehmen, und sprach: Es ist heute der vierzehnte Tag, dass ihr wartet und ohne Nahrung geblieben seid und nichts zu euch genommen habt.

Diese Verse zeigen, dass es nach der Apostelgeschichte bereits festgelegte Fastenzeiten gab.

##### *9.2.3.2.2 In der Alten Kirche*

Die katholische und die orthodoxe Kirche haben ihre Fastenzeiten nach dieser urchristlichen Tradition gestaltet. Besonderes Gewicht wurde auf die Fastenzeit vor Weihnachten und Ostern gelegt.

Die Kirche hat das Fasten aber erst 451 n.Chr. auf dem 4. ökumenischen Konzil in Chalkedon verbindlich gemacht.

Die koptische Kirche aber hat das Fasten 40 Tage vor Weihnachten gelegt. Daraus folgt, dass das Weihnachtsfest immer am 7. Januar und nicht am 25. Dezember gefeiert wird.

Der Grund für den Unterschied liegt darin, dass der Kirchenlehrer Clemens (50-97/101 n.Chr.) das Weihnachtsfest nach dem koptischen Kalender[107] auf den 29. Koiak datierte. Der 29. Koiak entsprach nämlich bis zum 16. Jahrhundert immer dem alten 25. Dezember. Erst 1582 n.Chr. ließ Papst Gregor XIII. (reg. 1572-1585) zehn Tage ausfallen und setzte damit das Datum vom 5. Oktober einfach auf das Datum vom 15. Oktober um.

##### *9.2.3.2.3 Im Protestantismus*

Auch die evangelische Kirche kennt das Fasten und zwar in enger Verbindung mit dem Gebet. Allerdings hat sie dafür keine strikt festgelegten Zeiten. Die evangelische Kirche begründet ihre Fastentradition auf Mt. 6,16-18: (16) Wenn ihr fastet, sollt ihr nicht sauer dreinsehen wie die Heuchler; denn sie verstellen ihr Gesicht, um sich vor den Leuten zu zeigen mit ihrem Fasten. Wahrlich, ich

---

[107] Der koptische entspricht dem pharaonischen Kalender.

sage euch: Sie haben ihren Lohn schon gehabt. (17) Wenn du aber fastest, so salbe dein Haupt und wasche dein Gesicht, (18) damit du dich nicht vor den Leuten zeigst mit deinem Fasten, sondern vor deinem Vater, der im Verborgenen ist; und dein Vater, der in das Verborgene sieht, wird dir's vergelten.

In den letzten Jahren hat sich in Deutschland eine Renaissance der alten Fastentradition in der Passionszeit vor Ostern entwickelt, jedoch unter einem neuen Gesichtspunkt. Das Fasten wird als ein Verzicht auf eine alltägliche Gewohnheit vollzogen; das kann z.B. das komplette Essen, bestimmtes Essen, oder bestimmte Genussmittel, wie Rauchen oder auch Fernsehen meinen.

#### *9.2.3.3 Im Islam*

Das arabische Wort für Fasten heißt *Saum*. Fasten gehört zu den Fünf Säulen des Islam. Man findet im Koran einige Verse, die die Muslime im Fasten unterrichten:

Sure 2,183-185: (183) Ihr Gläubigen! Euch ist vorgeschrieben, zu fasten, so wie es auch denjenigen, die vor euch lebten, vorgeschrieben worden ist. Vielleicht werdet ihr gottesfürchtig sein. (184) (Das Fasten ist) eine bestimmte Anzahl von Tagen (einzuhalten). Und wenn einer von euch krank ist oder sich auf einer Reise befindet (und deshalb nicht fasten kann, ist ihm) eine (entsprechende) Anzahl anderer Tage (zur Nachholung des Fastens auferlegt). Und diejenigen, die es (an sich) leisten können, sind (wenn sie es trotzdem versäumen) zu einer Ersatzleistung verpflichtet, (nämlich) zur Speisung eines Armen. Und wenn einer freiwillig ein gutes Werk leistet, ist das besser für ihn. Und es ist besser für euch, ihr fastet, wenn (anders) ihr (richtig zu urteilen) wisst. (185) Der Monat Ramadan ist es (oder: Fastenzeit ist der Monat Ramadan), in dem der Koran (erstmals) als Rechtleitung für die Menschen herab gesandt worden ist, und (die einzelnen Koranverse) als klare Beweise der Rechtleitung und der Rettung (?). Wer nun von euch während des Monats anwesend (d.h. nicht unterwegs) ist, soll in ihm fasten. Und wenn einer krank ist oder sich auf einer Reise befindet (und deshalb nicht fasten kann, ist ihm) eine (entsprechende) Anzahl anderer Tage (zur Nachholung des Versäumten auferlegt). Gott will es euch leicht machen, nicht schwer. Macht darum (durch nachträgliches Fasten) die Zahl (der vorgeschriebenen Fastentage) voll und preiset Gott dafür, dass er euch rechtgeleitet hat! Vielleicht werdet ihr dankbar sein.

Der Monat Ramadan ist der Monat des Pflichtfastens. Im islamischen Kalender[108] ist der Ramadan der neunte Monat. Von Beginn bis zum Ende dieses Monats soll der Muslim den ganzen hellen Tag, von Sonnenaufgang bis Untergang, nicht essen, trinken oder rauchen und keine sexuellen Beziehungen haben.

Der Grund für dieses Fasten ist, dass der Prophet Mohammed in diesem Monat die Offenbarung des Koran empfangen hat. Dies steht in Sure 97,1-5: (1) Wir haben ihn (d.h. den Koran) in der Nacht der Bestimmung hinabgesandt. (2) Aber wie kannst du wissen, was die Nacht der Bestimmung ist? (3) Die Nacht der Bestimmung ist besser als tausend Monate. (4) Die Engel und der Geist kommen in ihr mit der Erlaubnis ihres Herrn hinab, lauter Logos(wesen). (5) Sie ist (voller) Heil (und Segen), bis die Morgenröte sichtbar wird (w. aufgeht).

Nach der Tradition, war es 'die Nacht der göttlichen Bestimmung (*lailat al-qadr*)', in der der Prophet die Offenbarung empfing.

Der Monat Ramadan bietet sich auch besonders für den Dialog an, da nach islamischer Vorstellung in diesem Monat der Koran, d.h. die Offenbarung Gottes, auf die Erde herab gesandt wurde. Als theologische Themen bieten sich daher hier an: Die Tradition des Fastens, aber eben auch die Offenbarung selbst (Propheten, Mose, Jesus). Insbesondere die orthodoxen Christen können hier das Fasten vor Weihnachten anführen, da die Christen Jesus auch als Offenbarung Gottes sehen.

### 9.2.4 *Pflichtsteuer (zakat) und freiwilliges Almosen (sadaqa)*

Alle drei monotheistischen Religionen kennen den Begriff *sadaqa* für Almosen.

Das Christentum hat diese Tradition aus dem Judentum übernommen. In Mal 3,10 heißt es dazu: Bringt aber die Zehnten in voller Höhe in mein Vorratshaus, auf dass in meinem Hause Speise sei, und prüft mich hiermit, spricht der Herr Zebaoth, ob ich euch dann nicht des Himmels Fenster auftun werde und Segen herabschütten die Fülle.

Im Neuen Testament sagt Jesus Mt. 6,1-4: (1) Habt acht auf eure Frömmigkeit, dass ihr die nicht übt vor den Leuten, um von ihnen gesehen zu werden; ihr habt sonst keinen Lohn bei eurem Vater im Himmel. (2) Wenn du nun Almosen gibst, sollst du nicht vor dir her posaunen lassen, wie die Heuchler tun in den Synagogen und auf den Gassen, damit sie von den Menschen geehrt werden. Wahrlich, ich sage euch, sie haben ihren Lohn dahin. (3) Wenn du aber Almo-

[108] Der islamische Kalender entspricht dem arabischen Kalender. Er hat zwölf Monate und ist vom Mondverlauf abhängig. Deshalb findet man manchmal 30 Tage oder 29 Tage. Er hat insgesamt elf Tage weniger als unser Kalender. Die Namen der Monate lauten:1. Muharram, 2. Sufar, 3. Rab'i Awal, 4. Rab'i Tani, 5. Gammad Aual, 6. Gammad Tani, 7. Ragab, 8. Sha'ban, 9.Ramadan, 10. Shawwa, 11.Dhul-Qa'da, 12. Dhulhida.

sen gibst, so lass deine linke Hand nicht wissen, was die rechte tut, (4) damit dein Almosen verborgen bleibe; und dein Vater, der in das Verborgene sieht, wird dir's vergelten.

Während *sadaqa* die freiwillige Gabe bedeutet, heißt Almosensteuer im Koran *zakat*.

In Sure 2,263 heißt es: Freundliche (w. Geziemende) Worte und Verzeihen sind besser als ein Almosen mit nachträglicher Zufügung von Ungemach. Und Gott ist reich (oder: auf niemand angewiesen) und mild.

Sure 4,114: In vielem, was sie (d.h. die Ungläubigen?) (in vertrautem Kreis unter sich) besprechen, liegt nichts Gutes. Wenn jedoch einer zu einem Almosen auffordert oder zu etwas, was (sittlich) recht ist, oder zu einer Aussöhnung zwischen (sich streitenden) Parteien (w. zwischen den Leuten), und wenn einer dies im Streben nach Gottes Wohlgefallen tut, werden wir ihm (dereinst) gewaltigen Lohn geben.

Sure 9,103: Nimm aus ihrem Vermögen eine Almosengabe, um sie damit rein zu machen und zu läutern, und sprich den Segen (oder: das Gebet) über sie! Dein Segen (oder: Gebet) ist eine Beruhigung für sie. Gott hört und weiß (alles).

Jeder Muslim, dessen Vermögen ein festgesetztes Minimum überschreitet, soll einmal im Jahr eine Almosensteuer zahlen. Im Koran wird auch gesagt, welchen Personen diese Steuer zur Unterstützung gegeben werden soll. Die Zahlung ist ein religiöser Akt, der gleichzeitig dazu dient, die sozialen Spannungen zwischen den Armen und den Reichen in der Gemeinde zu verringern. Der wohlhabende Muslim soll 2,5% seines Vermögens jährlich als Almosensteuer abführen. Er kann selbst entscheiden, welchen bedürftigen Personen er diese Almosen zukommen lässt. Die in der Neuzeit vom Staat erhobene weltliche Steuer entbindet den Muslim nicht von der religiösen Abgabe.

Sure 58,13: Scheut ihr euch (denn), vor eurem Gespräch im voraus Almosen zu entrichten? Nun, wenn ihr es nicht tut (d.h. wenn ihr keine Almosen entrichtet) und Gott sich euch (trotzdem gnädig) wieder zuwendet, dann verrichtet (wenigstens) das Gebet und gebt die Almosensteuer, und gehorchet Gott und seinem Gesandten! Gott ist wohl darüber unterrichtet, was ihr tut.

Im Monat Ramadan gibt es in den arabisch-islamischen Ländern noch die Tradition des *ma'idat al-rahman*, d.h. des 'Tisches der Barmherzigkeit'. In dieser Zeit werden auf vielen Strassen lange Tafeln mit Essen für die Armen bereitgestellt, und oft kann man beobachten, wie andere Almosen verteilt werden.

Der Vergleich des Fastens im Christentum und im Islam zeigt ebenfalls, dass beide Religionen gemeinsame Traditionen und Wurzeln haben.

### 9.2.5 Pilgerfahrt

Im Christentum besuchen die katholischen und die orthodoxen Gläubigen Jerusalem und Bethlehem als Heilige Stätten. Es sind die Stätten an denen Jesus geboren, gestorben und auferstanden ist. Insbesondere in der Karwoche gibt es bestimmte Zeremonien, die für die Pilger von großer Bedeutung sind.

Im Islam gibt es analog die alljährliche Pilgerfahrt nach Mekka (*haddsch*) im Pilgermonat *duhl-hiddscha*, dem 12. Monat des islamischen Kalenders. In den arabischen Ländern erhält ein zurückkehrender Pilger den Titel *haddsch / haddscha*.

Jeder Moslem, dessen Gesundheit und dessen ökonomische Situation es erlaubt, soll mindestens einmal in seinem Leben nach Mekka pilgern.

Sure 2,125-129: (129) Und (damals) als wir das Haus (der Ka'ba) zu einer Stätte der Einkehr für die Menschen und zu einem Ort der Sicherheit machten! Und (wir sagten): "Macht euch aus dem (heiligen) Platz Abrahams eine Gebetsstät te!" Und wir verpflichteten Abraham und Ismael (mit den Worten): "Reinigt mein Haus für diejenigen, die die Umgangsprozession machen und sich dem Kult hingeben, und die sich verneigen und niederwerfen!" (126) Und (damals) als Abraham sagte: "Herr! Mach dies (d.h. das Gebiet der Ka'ba) zu einer sicheren Ortschaft und beschere ihren Einwohnern Früchte - denen von ihnen, die an Gott und den jüngsten Tag glauben!" Gott (w. Er) sagte: "Wer aber ungläubig ist, den lasse ich (die Güter dieser Welt) ein wenig genießen. Hierauf weise ich ihn unweigerlich in die Strafe des Höllenfeuers ein - ein schlimmes Ende!" (127) Und (damals) als Abraham dabei war, die Grundmauern - die des Hauses (der Ka'ba) - aufzuführen, (er) und Ismael (und zu Gott betete): "Herr! Nimm (es) von uns an! Du bist der, der (alles) hört und weiß. (128) Und mach, Herr, dass wir (beide) dir ergeben sind, und (mach) Leute aus unserer Nachkommenschaft zu einer dir ergebenen Gemeinde! Und zeig uns unsere Riten! Und wende dich uns (gnädig) wieder zu! Du bist ja der Gnädige und Barmherzige. (129) Und lass, Herr, unter ihnen (d.h. unseren Nachkommen) einen Gesandten aus ihren eigenen Reihen auftreten, der ihnen deine Verse (w. Zeichen) verliest, sie die Schrift und die Weisheit lehrt und sie (von der Unreinheit des Heidentums) läutert! Du bist der Mächtige und Weise."

Nach dem Koran ist Mekka der Ort, an dem das erste Gotteshaus entstand, das von Abraham und Ismael erbaut wurde.[109] Im Koran finden wir in Sure 37,107

[109] Es ist der Ort der Geburt des Propheten und der Offenbarung. Mekka ist das heilige Zentrum in der islamischen Welt. Die Gebetsnischen der Moscheen in aller Welt sind nach Mekka ausgerichtet. Betende Muslime werfen sich in diese Richtung nieder. Die Ka'aba war wie folgt eingerichtet: "Zur Zeit war die Ka'ba achtzehn Ellen hoch und zunächst mit weißem ägyptischen, dann mit jemenitischem Stoff bedeckt. Hadjjadj ibn Yusuf ließ sie später als erster mit Seidenbrokat verhüllen" (Ibn Ishaq: Das Leben des Propheten, S. 43).

die Erwähnung von der Opferung des Sohnes Abrahams: "Und wir lösten ihn mit einem gewaltigen Schlachtopfer aus!" Im Koran wird also kein Name des Sohnes genannt. Die Muslime sagen, dass Ismael der ältere und damit wohl eher der zu opfernde Sohn war. Ibn Khaldun betont, dass wir uns nicht mit der Frage nach dem Sohn beschäftigen sollen, sondern nach dem Akt der Opferung; denn diese Tat symbolisiere, dass Gott den Sohn Abrahams durch ein gewaltiges Schlachtopfer erlösen wollte.

Jusuf Ali schreibt in seinem Kommentar: "Dass das Opfer hier als *azim* ('groß', 'wichtig') bezeichnet wird, kann sowohl buchstäblich als auch im übertragenen Sinne verstanden werden. Im buchstäblichen Sinne bedeutet es, dass ein Schaf oder Widder symbolisch als Ersatz gegeben wurde. Die symbolische Bedeutung ist jedoch noch wichtiger. Es war in der Tat ein großer und wichtiger Augenblick, als sich zwei Menschen mit gemeinsamer Willensanstrengung in die Reihen derjenigen einordneten, denen Selbstaufopferung für Gottes Sache des Höchsten in diesem Leben bedeutet. Beachte jedoch, dass der Ersatz für dieses Opfer nicht von den beiden Menschen bereitgestellt wurde, sondern von Gott selbst. Gott will unseren Willen und unsere Hingabe, nicht unbedingt unser Leben im physischen Sinne. Wenn wir uns Ihm zur Verfügung stellen, wird Er Wege finden, uns nicht zum Werkzeug unserer eigenen Vernichtung zu machen, sondern uns vorwärts zu bringen. Durch die Bezeichnung *azim* ist es unwahrscheinlich, dass sich dieser Ausdruck nur auf den Widder bezieht, den Abraham schließlich an Ismaels Stelle schlachtete." [110]

Wenn man aber die Verse 109-113 aus derselben Sure liest, sieht man, dass Abraham im Islam hoch verehrt wird und genauso auch Isaak. Besonders die Verse 112-113 machen dies deutlich: "Und Wir gaben ihm die Frohe Botschaft von Isaak, der Prophet und einer der Rechtschaffenden sein würde. Und wir segneten ihn und Isaak. Doch unter ihren Nachkommen sind solche, die Gutes tun und solche, die offenkundig Unrecht gegen sich selbst begehen."[111]

Im Dialog kann man daran anknüpfen, dass Abraham von Christen, Muslimen und Juden hoch verehrt wird.

---

[110] Yusuf Ali: Die Bedeutung des Koran, S. 60.
[111] Yusuf Ali: Die Bedeutung, S. 61.

## 10 Ziele des Dialogs

Der Dialog zwischen der islamischen und westlichen Welt soll den Weg für die nachfolgenden und vor allem unschuldigen Generationen ebnen, damit diese in Zukunft besser und friedlicher miteinander leben können.

Bildungsstätten und religiöse Institutionen spielen hierbei eine große Rolle, sowie auch tolerante und moderne Denker, die bereit sind dieses Vorhaben zu unterstützen.

Es gibt sehr viele verschiedene Dialoge: Dialoge des Lebens oder Dialoge der Kulturen. Auch gibt es den Dialog innerhalb verschiedener Gebiete, in der Politik, in der Wirtschaft usw. Von besonderer Bedeutung ist aber der interreligiöse Dialog.

Da durch die Globalisierung die Welt wie ein Dorf geworden ist, soll der interreligiöse Dialog eine stabile Basis bieten, um das Zusammenleben der Menschen in einer pluralistischen Gesellschaft friedvoll zu gestalten.

Die Ziele des Dialogs sollten im Einzelnen sein:

a) Friedliches Zusammenleben zwischen allen Menschen in der Welt zu erreichen;

b) die Erkenntnis vermitteln, dass jeder Mensch teil an der Wahrheit hat, und es keinen Menschen gibt, der die absolute Wahrheit besitzt;

c) Vorurteile abbauen, was besonders den Christen in Matthäus-Evangelium und im Römerbrief aufgetragen ist[112];

d). Solidarität;

e) Gott und der Gesellschaft dienen.

Dass diese Zielvorstellungen auch im Islam vertreten werden, macht Mahmoud Hamdi Zakzouk deutlich: "Der interreligiöse Dialog ist immer dann lebendig und wird nicht zum bloßen Monolog, wenn er Ausdruck eines wahrhaftigen Bemühens um Frieden und Gerechtigkeit ist. Dann bemüht er sich um eine echte Verständigung unter den Religionen."[113]

---

[112] Mt. 7,1: Richtet nicht, damit ihr nicht gerichtet werdet.
Mt. 7,2: Denn nach welchem Recht ihr richtet, werdet ihr gerichtet werden; und mit welchem Maß ihr meßt, wird euch zugemessen werden.
Röm 14,13: Darum laßt uns nicht mehr einer den andern richten; sondern richtet vielmehr darauf euren Sinn, dass niemand seinem Bruder einen Anstoß oder Ärgernis bereite.

[113] Zakzouk, Mahmoud Hamdi: Der Islam und die Fragen des Dialogs, S. 61.

## 11 Die Hindernisse des Dialogs

Es gibt viele Hindernisse. Insbesondere soll hier die Situation im Nahen und Mittleren Osten genannt werden, wo viele Juden, Christen und Muslime zusammen leben. Es seien nur die Konflikte zwischen Israel und Palästina, der Streit um Jerusalem und ganz besonders um die Aghsa-Moschee[114], der Krieg im Irak und Sudan, die Probleme mit dem Iran, mit Afghanistan, mit Pakistan usw. genannt.

Hier wird ganz offensichtlich Religion für politische Zwecke missbraucht, und dies führt immer wieder zu Krieg oder Terror. Die Zerstörung des World Trade Center in New York am 11. September 2001 ist ein schreckliches Beispiel. Aber dennoch gilt es zu bedenken, dass oftmals die Gründe für derartige Missbräuche der Religion darin liegen, dass sich Menschen ungerecht behandelt fühlen.

[114] Die Bedeutung der Agsa-Moschee für die Muslime ergibt sich u.a. aus Sure 17,1: "Gepriesen sei der, der (gemeint ist Allah) seinen Diener (Mohammed) des Nachts von der unverletzlichen (*haram*) Moschee (in Mekka) zur fernsten (arab. *agsa*) Moschee (in Jerusalem) führte."

# 12 Notwendigkeit des Dialogs[115]

## *12.1 Eine multikulturelle Gesellschaft*

Nach dem Golfkrieg im Januar 1991 entstand in Deutschland und in allen anderen westlichen Ländern ein großes Interesse, etwas über den Islam zu erfahren. Außerdem ist vielen Menschen erstmals aufgegangen, dass sie in einer multikulturellen Gesellschaft leben. Die Wurzeln dieser multikulturellen Gesellschaft reichen allerdings weit zurück: So ist hier zum Beispiel an die vielen Emigranten zu denken, die gezwungenermaßen ihre Heimatländer verlassen mussten, oder daran, dass im westlichen Nachkriegseuropa viele ausländische Arbeitskräfte in der Phase der wirtschaftlichen Hochkonjunktur ins Land geholt wurden. Besonders in den letzten Jahren kamen dann Asylsuchende hinzu, die wegen politischer Verfolgung oder aus wirtschaftlichen und religiösen Gründen ihre Heimat verließen und in Westeuropa und Amerika Zuflucht suchten.

Eine große Anzahl dieser Zuwanderer stammt aus islamischen Ländern (Türkei, Iran, Afghanistan, Pakistan, ehemaliges Jugoslawien, Marokko und andere arabische Länder). Allerdings kann nur begrenzt von einer kulturellen Integration der Migranten gesprochen werden. Dies ist besonders bedeutungsvoll im Hinblick auf die zweite und dritte Generation dieser Einwanderer, besonders solcher, die dem Islam angehören: Diese Menschen leben einerseits, zunächst als Kinder und Jugendliche, in islamisch-geprägten Elternhäusern, andererseits in einer christlich oder nachchristlich geprägten, säkularen Umwelt. Dadurch befinden sich diese Menschen zwischen zwei verschiedenen Kulturen.

## *12.2 Ängste und Befürchtungen*

Ein weiteres Problem sind die Ängste, die das Aufeinandertreffen verschiedener Kulturen und Religionen sowohl bei den Einheimischen als auch bei den Zuwanderern hervorruft.[116] Moscheen und islamische Bethäuser gibt es allerorten. In Großstädten wie z.B. in Berlin, München, Köln, Frankfurt und Hamburg sind große islamische Kulturzentren entstanden.

Gleichzeitig bedeutet es aber auch eine neue Herausforderung und eine große Chance, sowohl für Christen als auch für Muslime, miteinander in einen kulturell und religiös bereichernden Dialog zu treten.

Besonders aktuell wird dies in einer Zeit nationalistischer und radikaler Tendenzen auf der politischen Ebene sowie der Intoleranz auf religiösem Gebiet. Deswegen ist es in einer multikulturellen Gesellschaft dringend geboten, unter-

---

[115] Bsteh, Andreas: Christlicher Glaube in der Begegnung mit dem Islam, S. 265-286.

[116] Siehe Sundermeier, Theo: Den Fremden verstehen, S. 132.

schiedliche Lebens- und auch Glaubenformen im Rahmen eines interreligiösen Dialogs zu reflektieren.

Seit einigen Jahren bemühen sich die Evangelische Kirche in Deutschland (EKD), ihre Gliedkirchen und die katholische Kirche um den Dialog mit anderen Religionen.

Die katholische Kirche hat von den nicht-christlichen Religionen insbesondere den Islam gewürdigt, weil er und das Christentum gemeinsam denselben einen Gott, den Schöpfer und Barmherzigen, verehren.[117] Auch hat der Vatikan im Jahr 1998 mit al-Azhar-Universität einen Dialogvertrag abgeschlossen.

Gerade die al-Azhar-Universität in Kairo widmet sich aus islamischer Sicht diesem Thema. Mahmoud Hamdi Zakzouk, der ägyptische Minister für religiöse Angelegenheiten, hat dem Verfasser bei einem Gespräch bestätigt, dass der Dialog mit den anderen Religionen von größter Bedeutung sei, um den Frieden auf der Welt zu erreichen.[118]

Die christlichen Gemeinden in Deutschland und in anderen westlichen Ländern leben inzwischen in einem multikulturellen Umfeld, wobei der Anteil von Ausländern aus islamisch geprägten Ländern besonders hoch ist. Sie können die Wandlungen in der Bevölkerungsstruktur nicht mehr ignorieren, wenn sie ihre gesellschaftliche Verantwortung im christlichen Sinne wahrnehmen wollen. Wie groß diese Wahrnehmung ist, zeigt Folgendes:

Murad Wilfried Hofmann, der lange Jahre deutscher Botschafter in Marokko war, ist ein vom Christentum zu Islam konvertierter Muslim. Er vertritt die Ansicht: "Dass der Islam im 21. Jahrhundert weltweit zur dominierenden Religion werden wird, ist für weitsichtige Beobachter nahezu evident."[119] Aussagen wie diese fordern einen Dialog heraus.

Ein Ziel dieses Dialogs muss sein, Vor- und Nachteile durch gegenseitige Aufklärung abzubauen. So sollen die Menschen das Denken und Handeln der jeweiligen kulturell oder religiös anders geprägten Gruppe verstehen lernen. Dies erhöht die Kompetenz des Urteilens und fördert die gegenseitige Akzeptanz und Toleranz. All dies ist notwendig, weil inzwischen für ein Land, Volk oder Religionsgemeinschaft unmöglich geworden ist, isoliert in unserer Welt zu leben.

---

[117] Sekretariat der Deutschen Bischofkonferenz (Hrsg), Arbeitshilfen Nr. 106: Christen und Muslime in Deutschland. Eine pastorale Handreichung, S. 5: "Diejenigen, die das Evangelium noch nicht empfangen haben, sind auf das Gottesvolk auf verschiedene Weise hingeordnet ... Der Heilswille (Gottes) umfasst (neben den Juden) aber auch die, welche den Schöpfer anerkennen, unter ihnen besonders die Muslime, die sich zum Glauben Abrahams bekennen und mit uns den einen Gott anbeten, den barmherzigen, der die Menschen am Jüngsten Tag richten wird.".

[118] Am 13.06.1994 hielt Prof. Dr. Mahmoud Hamdi Zakzouk, einen Vortrag an der Universität Sorbonne in Paris über den Dialog zwischen den drei Offenbarungsreligionen (Judentum, Christentum und Islam) aus islamischer Sicht.

[119] Hoffmann, Murad W.: Der Islam als Alternative, S. 7.

Dialog und Kooperation zwischen allen Menschen ist zum Überleben der ganzen Menschheit unabdingbar geworden.

# 13 Methoden des Dialogs

## *13.1 Christliche und Islamische Konferenzen*

1996 fand die 8. Internationale Islamkonferenz in Kairo statt, an der 460 Delegierte aus 82 Nationen teilnahmen. Die Konferenz behandelte das Thema 'Der Islam und die Zukunft des Dialogs zwischen Zivilisationen' (*al-Islam wa mustaqbal al-huwar al-hadari*). Der Schwerpunkt der Diskussionen lag aber auf dem Dialog der Religionen. Das Thema dieser Konferenz bezog sich auf folgende Suren im Koran:

Sure 49,13: Ihr Menschen! Wir haben euch geschaffen (indem wir euch) von einem männlichen und einem weiblichen Wesen (abstammen ließen), und wir haben euch zu Verbänden (*schu'ub*)[120] und Stämmen (*qaba'il*)[121] gemacht, damit ihr euch (auf Grund der genealogischen Verhältnisse) untereinander kennt. (Bildet euch aber auf eure vornehme Abstammung nicht zu viel ein!) Als der Vornehmste gilt bei Gott derjenige, der am frömmsten ist. Gott weiß Bescheid und ist (über alles) wohl unterrichtet.

Sure 29,46: Und streitet mit den Leuten der Schrift nie anders als auf eine möglichst gute Art ...[122]

Das bedeutet, dass Gott die Menschen aus einer Seele (*nafs*) schuf und daraus später noch eine Partnerin machte; gemeint sind Adam und Eva, was ebenso verdeutlicht, dass dieser Gedanke mit der biblischen Schöpfungsgeschichte identisch ist.

Vor Gott gibt es keinen Unterschied zwischen den Menschen, entscheidend ist nur der Glaube an Gott!

Wobei es sich hier hauptsächlich um den Dialog zwischen Muslimen und Christen handelt: Sure 3,64: Sag ihr Leute der Schrift! Kommt her zu einem Wort des Austauschs zwischen uns und euch! (Einigen wir uns darauf) dass wir Gott allein dienen und ihm nichts (als Teilhaber an seiner Göttlichkeit) beigesellen, und dass wir (Menschen) uns nicht untereinander an Gottes Statt zu Herren nehmen[123]

---

[120] Das Wort *schu'ub* meint Nichtaraber, insbesondere die Perser: *butun al-'a'dscham*; siehe dazu Ibn Kathir: Tafsir, Bd. VI., S. 387 und Wehr, Hans: Arabisches Wörterbuch, S. 430 und 535.

[121] Mit *qabail* sind hier die Araber gemeint: *butun al-'arab* ;siehe dazu Ibn Kathir: Tafsir, Bd. VI., S. 387.

[122] Ibn Kathir: Tafsir, Bd. V., S. 328 und Wehr, Hans: Arabisches Wörterbuch, S. 102: *dschidal* und *mudschadala* bedeuten Streit, Disput, Diskussion, Debatte.

[123] Für Ibn Kathir bedeutet *kalima* nicht 'das einzelne Wort', sondern 'ein bedeutender Satz', der für ein gutes Gespräch nützlich (*dschumla mufida*), und *sawa'in baynana wa baynakum* interpretiert er mit den Worten *'adl wa nasf*, was soviel bedeutet wie gerecht und gleichberechtigt. Das Ziel des Gespräches soll somit dazu

Mahmoud Hamdi Zakzouk sagte in seiner Begrüßung als Vorsitzender des Hohen Islamischen Rats, dass es unmöglich ist, sich in der heutigen modernen Zeit als ein Volk ganz und gar von den Ereignissen, Entwicklungen und Fortschritten in allen Gebieten der Welt zu isolieren. Ein Sprichwort sagt gerade für die moderne Zeit ganz richtig: "Die Welt ist wie ein Dorf in diesem Kosmos". Schon aus diesem Grund sind die Menschen zu einem Miteinander gezwungen, und Kooperation ist unumgänglich, um diese unsere Welt vor Zerstörung und Zerfall zu bewahren.

Mahmoud Hamdi Zakzouk vertrat die Auffassung, die Menschen bräuchten eine neue Methode, wie sie miteinander umgehen sollen, womit er in diesem Fall natürlich den Dialog meinte.

1997 hieß das Thema der 9. Islamischen Weltkonferenz: 'Der Islam und der Westen (*al-Islam wal-garb*) - in Vergangenheit, Gegenwart und Zukunft'. Das Interesse der Konferenz war es, die Menschen davon zu überzeugen, nicht an der Vergangenheit mit ihren negativen Ereignissen hängen zu bleiben, sondern sich auf das friedliche Zusammenleben in der Gegenwart zu konzentrieren und, um eine friedliche Zukunft zu erreichen, miteinander den Dialog zu führen.

Das Thema der 19. Islamischen Weltkonferenz (2007) lautete: 'Der Islam und die Globalisierung' (*al-Islam wal-'awlamma*). Es wurde vorrangig über den massiven politischen und religiösen Einfluss der westlichen Länder auf die islamische Welt gesprochen. Die Themenstellung zeigte wieder die Ängste und Befürchtungen, die im Islam gegenüber dem Westen vorhanden sind.

Inzwischen ist die Globalisierung zu einem zentralen Problem des Verhältnisses von Christentum und Islam geworden. Vor zehn Jahren war es sehr schwer, mit dem Islam über dieses Thema einen Dialog zu führen. Im Jahre 2007 befasste sich jedoch erstmals die 19. Islamische Weltkonferenz (2007) mit den "Problems of the Muslims and their treatmeant with the context of globalisation."

An dieser Konferenz nahmen Muslime aus 88 Ländern und einige Christen, einschließlich des Verf.s teil.

In seiner Ansprache stellte Mahmoud Hamdi Zakzouk fest, dass sich der Islam besonders vielen Herausforderungen zu stellen hat, und die Muslime zur Kenntnis müssen, dass sie in einer globalisierten Welt leben, d.h., dass sie sich nicht isolieren dürfen, wenn sie ihre Ziele zu erreichen wollen. Aus diesem Grunde, so betonte er, wurde auch Globalisierung und ihr Einfluss auf die Muslime und die islamisch Welt zum Tagungsthema gewählt. Mahmoud Hamdi Zakzouk erklärte, dass die Muslime den Verstand und die Energie der Kultur und der von

führen, dass nur an einen Gott geglaubt und nur diesem gedient wird. Tafsir Ibn Kathir: Tafsir, Bd. II., S. 53 und Wehr, Hans: Arabisches Wörterbuch, S. 863: *nasf* = gerecht sein, gerecht handeln, Gerechtigkeit widerfahren lassen, Gerechtigkeit verlangen.

der Gesellschaft beeinflussten Menschen benötigen. Es sei Aufgabe besonders der Intellektuellen, an der Herausbildung einer modernen Identität der Muslime zu arbeiten, um die gesellschaftliche Reformation zu erreichen. Dazu sei aber ein umfassender Dialog notwendig: "So sind wir auch heute hier als Muslime aus 88 Ländern versammelt, mit 250 Teilnehmern und Organisationen, 96 Wissenschaftlern und auch den nichtmuslimischen Teilnehmern, die den Weg zum Dialog eröffnen können."

Mohammed al-Khatami, der ehemalige Präsident des Iran, bestätigte diese Ansicht in seiner Rede. Er betone aber auch, dass Globalisierung aus seiner Sicht zwei Seiten hat: Erstens eine theoretische und zweitens eine praktische. Er forderte die Konferenz auf, zu erforschen, in welche Richtung die Globalisierung geht, und welchen Einfluss sie auf die islamische Gesellschaft hat.

Zusammenfassend kann man sagen, dass auf dieser Konferenz das Thema Globalisierung anders als noch vor zehn Jahren, als noch viele Muslime diesen Gegenstand als des Teufels verurteilten, ernsthaft angegangen wurde. Die allgemeine Stimmung war durchaus offen für einen Dialog mit dem Westen, jedoch unter dem Vorbehalt, nur das Positive zu nutzen und daraus zu lernen und sich bewusst von dem Negativen zu distanzieren.

### *13.2 Begegnungen zwischen Christen und Muslimen*

1997 lud die deutsche Bundesregierung Groß-Imam Mohammed Sayed Tantawi, Scheich der al-Azhar, ein, um mit deutschen Wissenschaftlern und Theologen einen Dialog über das Thema "Europa und die islamische Welt - Herausforderung und Perspektiven für gute Nachbarschaft" zu führen.

Diese Einladung machte deutlich, dass in Deutschland ein großes Bedürfnis nach einem Gedankenaustausch zwischen Christen und Muslimen besteht. Es wurde unter anderem das Problem, das die Kirchen mit den islamischen Sitten ihrer muslimischen Nachbarn haben, z.B. ob der Muezzin gegebenenfalls leiser rufen soll oder vielleicht gar nicht, besprochen, um eine Lösung für ein friedliches Zusammenleben zu finden.

Ein Jahr später besuchten dann deutsche Wissenschaftler und Theologen die al-Azhar-Universität in Kairo, um die begonnene Diskussion 'Der Islam und der Westen' mit Studenten und Professoren im Dialog weiterzuführen.

Bei beiden Begegnungen konnte man feststellen, dass viele Muslime der Meinung sind, dass die westlichen Länder nach dem Zerfall des kommunistischen Systems nun den Islam als Feind betrachteten. Diese Betrachtungsweise macht es aber um so notwendiger, den Dialog kontinuierlich auf allen Ebenen weiterzuführen, und allen Parteien Gelegenheit zu geben, ihre Meinungen offen zu äußern, damit Missverständnisse beseitigt und konstruktive Vereinbarungen getroffen werden können.

Begegnungen zwischen Christen und Muslimen sollten aber nicht nur auf höherer Ebene, sondern gerade auch auf der Ebene der Kirchengemeinden und Moscheevereine stattfinden.[124]

[124] Durch ganz lebensnahe Veranstaltungen wie z.B. Feste können auch sehr einfach Grenzen überwunden werden, wie dies z.B. Katharina Gaewert (Mit Festen Grenzen überschreiten, S. 70) beschreibt, und wie es in der evangelischen Petrus-Gemeinde in Langen (Dekanat Dreieich) häufig praktiziert wird.

# 14 Theologische und ethische Themen des Dialogs

## *14.1 Gott*

Das arabische Wort Allah entspricht dem deutschen Wort Gott. Dabei handelt es sich nicht nur um einen Eigennamen Gottes, also lediglich um eine Form der Anrede, sondern um den Begriff Gott mit seinem vollen Inhalt.[125] So verwenden auch die arabischen Christen für Gott das Wort Allah. Dieses Wort ist verwandt mit der hebräischen Gottesbezeichnung Elohim und der aramäischen Aloy.

Allerdings muss klar zwischen den Bezeichnungen Allah und Ilah unterschieden werden. Ilah steht für irgendeinen Gott, Allah aber für den einen bestimmten und einzigen Gott, der nach der islamischen Lehre schon im Juden- und Christentum bekannt war. Wenn Mohammad von Allah spricht, ist daher immer dieser eine und einzige Gott gemeint und nicht eine unbestimmte göttliche Gestalt unter mehreren.

Im Begriff Gott ist also eine gemeinsame Grundlage des Judentums, Christentums und des Islam gegeben.[126] Das meint Mahmoud Hamdi Zakzouk, wenn er schreibt: "Der interreligiöse Dialog, der auf den Gemeinsamkeiten der Religionen aufbaut, kann viele Möglichkeiten für eine Zusammenarbeit finden."[127]

Allerdings haben Bibel und Koran auch wiederum unterschiedliche Vorstellungen von Gott, was besonders in der Beschreibung seiner Eigenschaften zu Tage tritt.

---

[125] Troll, Christian: Muslime fragen, Christen antworten, S. 59.

[126] Sure 2,131-137: (Damals) als sein Herr zu ihm sagte: "Ergib dich!" Abraham sagte: "Ich habe mich dem Herr der Menschen in aller Welt (*al-alamun*) ergeben." Und Abraham befahl es seinen Söhnen an, (er) und Jakob (mit den Worten): "Söhne! Gott hat euch eine auserlesene Religion (*din*) gegeben. Ihr dürft ja nicht sterben, ohne (Gott) ergeben (*muslim*) zu sein." Oder waret ihr (vielleicht) Zeugen, als es mit Jakob aufs Sterben ging (so dass ihr glaubwürdig darüber aussagen könntet)? (Damals) als er zu seinen Söhnen sagte: "Wem werdet ihr dienen, wenn ich (einmal) nicht mehr da bin?" Sie sagten: "Dem Gott von dir und deinen Vätern Abraham, Ismael und Isaak als einem einzigen Gott. Ihm sind wir ergeben (*muslim*)." Das ist eine Gemeinschaft, die der Vergangenheit angehört. Ihr kommt (dereinst bei der Vergeltung) zu, was sie (seinerzeit) begangen hat. Und euch (Vertretern einer späteren Generation) kommt zu. was ihr (eurerseits) begangen habt. Und über das, was sie getan haben, werdet ihr (dereinst) nicht zur Rechenschaft gezogen. Und sie sagen: "Ihr müßt Juden oder Christen sein, dann seid ihr rechtgeleitet." Sag: "Nein! (Für uns gibt es nur) die Religion (*milla*) Abrahams, eines Hanifen - er war kein Heide!" Sagt: "Wir glauben an Gott und (an das), was (als Offenbarung) zu uns, und was zu Abraham, Ismael, Isaak, Jakob und den Stämmen (Israels) herabgesandt worden ist, und was Mose und Jesus und die Propheten von ihrem Herrn erhalten haben, ohne dass wir bei einem von ihnen (den anderen gegenüber) einen Unterschied machen. Ihm sind wir ergeben (*muslim*)." Und wenn sie an das gleiche glauben wie ihr, sind sie rechtgeleitet. Wenn sie sich aber abwenden, sind sie eben in der Opposition. Doch Gott wird dir (als Helfer) gegen sie genügen. Er ist der, der (alles) hört und weiß.

[127] Zakzouk, Mahmoud Hamdi: Der Islam und die Fragen des Dialogs, S. 65.

Diese göttlichen Eigenschaften werden in der islamischen Tradition vor allem in den 99 schönsten Namen Gottes deutlich. Von ihnen heißt es: "Allah gehören die schönsten Namen" (Sure, 7,180).

### *14.2 Gottesname in der Bibel*

Im Alten Testament lauten die ältesten Bezeichnungen für Gott Elohim, El, JHWH und Schaddai. Weitere Bezeichnungen und Eigenschaften sind Schöpfer, barmherzig, zornig, langmütig usw. Das Bild des Vaters finden wir schon bei Melachi (Mal. 1,6) und das der Mutter bei Jesaja (Jes. 66,13).

Im Neuen Testament entsteht das neue Bild des fleischgewordenen Gottes, vor allen in Johannes-Evangelium (Joh. 1,14) und bei Paulus (passim).

### *14.3 Gottesnamen im Koran*

Die Christen feiern ihren Gottesdienst "Im Namen Gottes, des Vaters, des Sohnes und des Heiligen Geistes", die Muslime dagegen "Im Namen Gottes, des Gnädigen (*rahman*) und des Barmherzigen (*rahim*)."

Interessant ist hierbei auch ein Vergleich mit neuen Funden aus Qumran. Klaus Berger zitiert in seiner Veröffentlichung, 'Psalmen aus Qumran', unter dem Titel 'Ich will rühmen deinen Namen', folgenden Vers:"Du, mein Gott, bist *gnädig und barmherzig* und voller Langmut. / Du bist reich an Gnade und ein treues Fundament.[128]

Darüber hinaus finden dieses Eigenschaftspaar "barmherzig und gnädig" sowohl im Alten Testament Ps. 103,8, wo es heiß: "Barmherzig und geduldig ist der Herr". Auch das Neue Testament kennt diese Eigenschaften. So heißt es im Jakobusbrief 5, 11, wo der o.g. Pslam 103 zitiert wird: "Denn der Herr ist barmherzig und ein Erbarmer (gnädig)." Dies entspricht exakt dem koranisch-arabischen Ausdruck: *rahman* und *rahim.*

Im Koran sind die Gottesnamen nicht systematisch geordnet, sondern sie werden in verschiedenen Suren, verschiedenen Situationen entsprechend, unterschiedlich gebraucht (zum Beispiel in Sure 7,180; 17,110; 20,8; 59,22-24, und viele andere mehr).

Mohammad Salim Abdullah beschreibt die Bedeutung der Gottesnamen: "Gottesliebe ist vor allem die Frucht ernsthaften und innigsten Bemühens, die Eigenschaften Gottes im eigenen Leben und im Umgang mit seinen Mitmenschen zu reflektieren. Diese Eigenschaften werden uns im Koran als die 99 'schönsten Namen Gottes' überliefert und den Gläubigen ans Herz gelegt. Die Reflexion dieser Eigenschaften ist der Maßstab wahren Menschseins. Sie zeigen, wie eng

---

[128] Berger, Klaus: Psalmen aus Qumran, S. 41.

die Bindungen des Menschen an Gott sind, wie vertrauensvoll Gott und Mensch aufeinander zugegangen sind."[129]

Im Folgenden sind die 99 Namen Gottes in den Hadithen, den Berichten über Aussagen und Taten des Propheten außerhalb des Korans, zu betrachten.

Hier zeigt sich, dass die gleichsam kanonische Zahl von 99 Eigenschaften nicht unproblematisch ist, denn Gott hat nach Ansicht vieler muslimischer Gelehrten natürlich unendlich viele Namen.[130] Der Prophet hat einmal tatsächlich die Zahl 99 erwähnt. Er hat aber nicht alle der später kanonisierten aufgeführt Namen und auch nicht in der Reihenfolge, wie dies die Tradition tut, genannt. Erst der muslimische Gelehrte Walid ibn Muslim (gest. ca. 195 nach hidschra bzw. 817/18 n. Chr.) hat auf Grund seiner *idschtihad*, seiner eigenen Forschungen, die 99 Namen sowie die unten angegebene Reihenfolge festgelegt.[131] Abu Isa Mohammad Al-Tirmidhi (geb. 209 nach hidschra bzw. 824 n.Chr.; gest. 279 nach hidschra bzw. 892 n.Chr.) hat dann diese Regelung gleichsam kanonisiert.

In einem Hadith heißt es: Abu Huraira berichtete: Allah Gesandter sagte: "Allah hat 99 Namen, das heißt einhundert weniger einem, und wer immer sie weiß geht ins Paradies ein."[132]

Die 99 Gottesnamen lauten:

1. al-Rahman: der Wohltäter, der Gnädige, der Gütige, der Erbarmer
2. al-Rahim: der Barmherzige
3. al-Malik: der König, der Herr und Herrscher
4. al-Quddus: der Heilige
5. al-Salam: der Friede, der Inbegriff des Friedens
6. al-Mumin: der Gläubige, der Verleiher der Sicherheit, der Stifter der Sicherheit
7. al-Muhaymin: der Wachsame, der Beschützer und Bewacher, der alles fest in der Hand hat
8. al-'aziz: der Mächtige, der Allmächtige und Prächtige
9. al-Dschabbar: der Unterdrücker, der Unterwerfer
10. al-Mutakabbir: der Großartige, der Erhabene

---

[129] Abduhllah, Muhammad Salim: Was will der Islam in Deutschland?, S. 169.

[130] In den letzten Jahren hat Mahmoud Abd-Arrazik Arradwan gezeigt, dass über 20 Namen (Nr. 22, 24, 25, 27, 29, 41, 49, 57, 58, 61, 64, 65, 76, 86, 89, 90, 91, 92, 95, 98, 99) weder in Koran noch in der Sunna zu finden sind. Aber hat stattdessen andere Namen Allahs, die in Koran und Sunna zu finden sind, in die 99-Reihe einfügen können. Es gehe, so seine Regel, nicht um Eigenschaften, sondern um Namen im eigentlichen Sinne. Seine Forschungen sind am 5. Februar 2005 von der al-Azhar-Universität bestätigt worden.

[131] Siehe: www.islameyat.com/index.html.

[132] Bukhari: Sahih, Volume 3, Book 50, Number 894. In: http://www.usc.edu/dept/MSA/fundamentals/hadith sunnah/bukhari/.

11. al-Khaliq: der Schöpfer
12. al-Bari: der Gestalter, der Erschaffer
13. al-Musauwir: der Former, der Bildner (Koran 59,22-23)

14. al-Ghaffar: der Verzeiher, der Vergebende, der voller Vergebung ist (38,66; 39,55; 45,42)
15. al-Qahhar: der Beherrscher, der bezwingende Macht besitzt (12,39;13,16; 14,48)
16. al-Wahhab: der Verleiher, der Gebende, der Freigebige (3,8; 38,9.35)
17. al-Razzaq: der Verteiler (aller Güter), der Unterhalt beschert (51,58)
18. al-Fattah: der Öffner, der wahrhaft richtet
19. al-'Alim: der Allwissende, der Bescheid weiß
20. al-Qabid: der alles in Grenzen Haltende, der beengt, der bemessen zuteilt
21. al-Basit: der weitet, der großzügig zuteilt (2,245)
22. al-Khafid: der Erniedrigende, der niedrig macht
23. ar-Rafi': der Erhöhende, der erhöht (56,3)
24. al- Mu'iz: der Verleiher der Ehre, der Macht verleiht
25. al-Mudhil: der Demütiger, der erniedrigt (3,26)
26. al-Sami': der Allhörende, der alles hört
27. al-Basir: der Allsehende, der alles sieht (17,1; 40,20.56; 42,11, usw.)
28. al-Hakam: der Richter
29. al-'adl: die Gerechtigkeit, der Gerechte
30. al-Latif: der Wohlwollende, der Gütige, der Feinfühlige
31. al-Khabir: der Kluge, der Erfahrende, der Erkennende, der Kenntnis von allem hat (6,103; 1,63)
32. al-Halim: der Sanftmütige, der Nachsichtige, der Langmütige (3,105, usw.)
33. al-'azim: der Erhabene, der Majestätische (2,255)
34. al-Ghafur: der Vergebende, der Verzeihende, der voller Vergebung ist
35. al-Schakur: der Allerdankbarste, der sich erkenntlich zeigt (35,30.34; 42,11)
36. al-'Aliy: der Hohe, der Erhabene
37. al-Kabir: der Große
38. al-Hafiz: der Beschützer, der Wächter, der Hüter (11,57; 34,21)
39. al-Muqit: der Ernährende, der alle Dinge umsorgt und überwacht (4,85)
40. al-Hasib: der Berechnende, der abrechnet (4,6.68; 33,39)
41. al-Dschalil: der Majestätische, der Erhabene
42. al-Karim: der Großzügige, Großmütige, der Ehrwürdige (55,27.78)
43. al-Raqib: der Wachsame, der Wächter
44. al-Mudschib: der Erhörende, der bereit ist, zu erhören (11,73)
45. al-Wasi': der Allgegenwärtige, der alles umfasst
46. al-Hakim: der Weise (4,130)
47. al-Wadud: der Liebevolle, der Allerliebevollste (11,90; 85,14)

48. al-Madschid: der Glorreiche, der der Ehre würdig ist (11,73)
49. al-Ba'ith: der Wiederbelebende, der wiedererweckt
50. al-Schahid: der Zeuge
51. al-Haqq: die Wahrheit, der Wahrhaftige
52. al-Wakil: der Verwalter
53. al-Qawi: der Starke
54. al-Matin: der Unerschütterliche, der Feste
55. al-Wali: der Freund
56. al-Hamid: der Preiswürdige, der Beschützer, der des Lobes würdig ist
57. al-Muhsi: der alles Aufzeichnende, der (alles) erfasst
58. al-Mubdi: der Urheber, der Schöpfer, der (die Schöpfung) am Anfang macht
59. al-Mu'id: der zum Leben Erweckende, der (sie) wiederholt (85,13; 10, 4.34; 39,19)
60. al-Muhyi: der Schöpfer des Lebens, der Lebensspendende, der lebendig macht
61. al-Mumit: der Schöpfer des Todes, der sterben lässt (3,156; 15,23, usw.)
62. al-Hayi: der Lebendige
63. al-Qaiyum: der Bestehende, der Beständige
64. al-Wadschid: der allen seienden Dingen ihr sein verliehen hat, der ins Dasein ruft
65. al-Madschid: der Glorreiche, der Edle, der Hochgelobte
66. al-Wahid: der Eine
67. al-Samad: der Einzige, der Undurchdringliche (112,2)
68. al-Qadir: der Mächtige
69. al-Muqtadir: der Allmächtige
70. al-Muqaddim: der Fortschreitende, der näher bringt, der (die Dinge) vorausschickt
71. al-Mu'akhir: der entfernt, der (sie) zurückstellt
72. al-Awwal: der Erste
73. al-Akhir: der Letzte
74. al-Zahir: der Offenbare, der Sichtbare
75. al-Batin: der Verborgene (57,3)
76. al-Wali: der Herrscher, der Schutzherr (13,11)
77. al-Muta'ali: der Erhöhte, der Transzendente (13,9)
78. al-Barr: der Wohltätige, der Gütige
79. al-Tawwib: der Reumütige, der sich gnädig zuwendet (2,37.54.128, usw.)
80. al-Muntaqim: der Rächer, der sich rächt (31,22; 43,41; 44,16)
81. al-'Afu: der Nachsichtige, der voller Verzeihung ist (4,43.99.149, usw.)
82. al-Ra'uf: der Mitleidige, der Mitleid hat (2,143; 24,20, usw.)

83. Malik-ul-Mulk: der Reichmachende der Reiche, der über die Königherrschaft verfügt
84. Dhul-Dschalali: Ihm gehört die Majestät, die Erhabenheit
85. Wal-Ikram: der die Ehre, und Ehrwürdigkeit besitzt (55,27.78)
86. al-Muqsit: der unparteisch Richtende, der gerecht handelt
87. al-Dschami: der Versammelnde, der versammelt
88. al-Ghaniy: der Reiche, der auf niemand angewiesen ist (2,263; 10,68, usw.)
89. al-Mughni: der Reichmachende, der reich macht
90. al-Mani': der Beschützer und Verteidiger, der (die Dinge) abwehrt (oder der Schutz gewährt
91. al-Dar: der Übeltäter (er erlaubt das Böse), der Schaden bringt
92. al-Nafi': der Wohltäter, der Nutzen bringt
93. al-nur: das Licht
94. al-Hadi: der Führer, der rechtleitet
95. al-Badi': der Entdecker, der Schöpfer ohnegleichen (2,117; 6,101)
96. al-Baqi: der Ewige, der Bleibende, der Bestand hat
97. al-Warith: das Erbe, der alles erbt (15,23)
98. al-Raschid: der auf den geraden Weg führt, der den rechten Weg weist (oder: Der zum rechten Weg führt)
99. al-Sabur: der Geduldige, der voller Geduld ist Gala-Galaluh[133]

Die Muslime nennen die Gottesnamen nicht nur im Gottesdienst, sondern auch bei bestimmten Anlässen des alltäglichen Lebens. Solche Anlässe für die Rezitation der Namen Gottes sind vor dem Schlafengehen, nach dem Aufstehen, vor dem Essen, vor dem rituellen Schlachten und beim Schwören. Diese Anordnungen gehen auf Mohammad zurück; der sich dabei auf die jüdisch-christliche Tradition bezieht[134].

Da die Muslime die christliche Bedeutung der Trinität als polytheistisch missverstehen, und sie die Heilsbedeutung Jesu Christi für sich nicht anerkennen, mussten sie die vorgefundene Formulierung "Im Namen Gottes, des Vaters, des Sohnes und des Heiligen Geistes" ändern. Dadurch fiel insbesondere der Bezug auf Jesus als des Erlösers heraus. An dessen Stelle setzen sie die Eigenschaft

---

[133] Al-Ghazali, Abu Hamid Muhammad: Al-Maqsad al-Sana fi Scharh ma'ani asma' Allah al-Husna, S. 63-171.

[134] Diese Namen Gottes bzw. diese Gottesattribute finden wir auch in der Thora (2. Mose 34,6 und 7; 5. Mose 10,17 und18). Nach Cheikho, Louis (1859 - 1927): Schuar' an-Nasrania qabl al-Islam [Die christlichen Dichter vor dem Islam], haben die Christen und die Juden auf der arabischen Halbinsel die schönen Namen vor der islamischen Zeit genannt und benutzt: "Gott hat sehr viele Eigenschaften, die wir nicht zählen können; davon haben wir 99 als Zeichen seiner Vollkommenheit."(S. 160) Er nennt auch mehrere Gedichte christlicher Poeten aus vorislamischer Zeit, die diese Namen Gottes gebrauchen (Warqa Ibn Naufal, u.a.). (S. 160). Siehe Bukhari: as-Sahih, Bd. I, Abschnitt 3.

Gottes als des Gnädigen: Sie erkennen damit diese Eigenschaft Gottes, allerdings ohne sie an die Person Jesu zu knüpfen. Denn nach islamischer Sicht braucht Gott keinen Vermittler; er selbst ist unmittelbar der Vergebende, Verzeihende und Allmächtige.

Hier liegt aber ein Missverständnis des christlichen Jesusbildes und der christlichen Gottesvorstellung vor.[135] Die Trinitätslehre lehnt nämlich gerade eine polytheistische Vorstellung ab. Es geht hier nicht um drei Götter, sondern darum, dass Gott in drei verschiedenen Formen[136] wirkt: einmal als der Schöpfer und Erhalter der Welt, zum anderen im Wirken und in der Person Jesu von Nazareth, und schließlich als Heiliger Geist.

Bei den Begriffen "Vater, Sohn (und Heiliger Geist)" geht es also nicht um Fragen einer gleichsam biologischen Abstammung, sondern um bestimmte theologische Inhalte, die im Bild des Vaters (bzw. der Mutter) ausgedrückt werden, wie z.B. das Bild der Barmherzigkeit und Liebe.

Für den Christen wird die Gnade Gottes in einzigartiger Weise dadurch deutlich, dass sie in Jesus Christus Gestalt angenommen hat:

Joh. 1,1: Im Anfang war das Wort, und das Wort war bei Gott, und Gott war das Wort.

Joh. 1,14: Und das Wort ward Fleisch und wohnte unter uns, und wir sahen seine Herrlichkeit, eine Herrlichkeit als des eingeborenen Sohnes vom Vater, voller Gnade und Wahrheit.

Diese Vorstellung von Inkarnation unterscheidet sich grundsätzlich vom islamischen Verständnis der Beziehung von Gott und Jesus von Nazareth. Die Muslime können eben die Lehre von der Gottessohnschaft Jesu nicht akzeptieren, weil sie sie biologisch verstehen. Der islamische Glaube lehnt daher ein trinitarisches Gottesverständnis grundsätzlich ab[137].

### *14.4 Die Heilige Familie in der Bibel und im Koran*

Im Koran gibt es viele Themen, die bereits in der Bibel zu finden sind. Dazu gehören die Schöpfungsgeschichte, die Geschichte des Volkes Israel, die Geschichten von den Propheten: Noah, Abraham, Ismael, Isaak, Jakob, Joseph, Mose, David usw. sowie vor allem von Jesus und seine Mutter Maria.

---

[135] Siehe Zakzouk, Mahmoud Hamdi: Das trinitarische Gottesverständnis in muslimischer Sicht.

[136] Der Begriff Form wird im Arabischen mit *uqnum* (Pl. *aqanim* = göttliche Person in der Trinität, Grundelement) übersetzt.

[137] "Das Bekenntnis der Einheit Gottes ist der Eckstein des gesamten islamischen Glaubensgebäudes, islamischer Existenz schlechthin." (Abduhllah, Muhammad Salim: Islam für das Gespräch mit Christen, 1992, S. 33). Siehe hierzu auch: Beltz, Walter: Die Mythen des Koran, S. 39-63 und Tworuschka, Monika und Udo: Kleines Lexikon Islam, S. 58-66.

Im Folgenden werden ausgewählte Texte verglichen, die für den christlich-islamischen Dialog von Bedeutung sind. Gemeinsamkeiten und Unterschiede sollen aufgezeigt werden, um für Interessierte eine Hilfe im Dialog zu sein.[138]

### *14.5 Die Rolle Jesu Christi in der Bibel und im Koran*

Auch im Koran wird Jesus als ein Zeichen oder als ein Wunder Gottes gesehen. So heißt es in Sure 19,21: Er sagte: "So ist es, wie dir verkündet wurde. Dein Herr sagt: (oder: So hat dein Herr (es an) gesagt.) Es fällt mir leicht (dies zu bewerkstelligen). Und (wir schenken ihn dir) damit wir ihn zu einem Zeichen für die Menschen machen, und weil wir (den Menschen) Barmherzigkeit erweisen wollen (w. aus Barmherzigkeit von uns). Es ist eine beschlossene Sache." Die Wunder Jesu Christi sind auch eine theologische Gemeinsamkeit im Christentum und Islam.

### *14.6 Dschihad im Christentum und Islam*

Dschihad bedeutet 'sich bemühen' und nicht wie meist behauptet wird 'Heiliger Krieg.'[139] In diesem Sinne wird das Wort Dschihad im Koran überhaupt nirgendwo verwendet Denn ein Heiliger Krieg ist dem Islam wie übrigens auch Martin Luther[140] fremd. Ursprünglich stammt der Ausdruck Heiliger Krieg wohl aus dem christlichen Mittelalter, der Zeit der Kreuzzüge, als man im christlichen Abendland zu einer religiös begründeten Kriegsfahrt in den Orient, zum Krieg gegen den Islam und die Muslime aufrief, d.h. eben zu einem Heiligen Krieg. Kaum jemand im Abendland würde sich heute noch mit jenem Missbrauch von religiösen Gefühlen der Menschen identifizieren wollen.

Ein Artikel in der ägyptischen Tageszeitung 'al-Ahram'[141] möge das islamische Verständnis von Dschihad noch einmal verdeutlichen. Der sunnitische Groß-Imam Mohammad Sayed Tantawi, Scheich der al-Azhar-Moschee, veröffentlichte in besagter Zeitung einen an Papst Benedikt XVI. gerichteten Brief mit dem Titel "Ein ruhiger (sachlicher) Dialog mit dem Papst von Rom" als Reaktion auf dessen Ausführungen zum Dschihad in der 2006 an der Universität Regensburg gehaltenen Vorlesung. Durch das vom Papst angeführte Zitat aus dem von Adel Theodor Khoury herausgegebenen Teil des 'Dialogs' des byzantinischen Kaisers Manuel II. Palaiologos (reg. 1391-1424) mit einem gebildeten Perser über die Wahrheit von Christentum und Islam aus dem Jahre 1391, fühl-

---

[138] Siehe Troll, Christian: Muslime fragen, Christen antworten, S. 59 ff.; Biser, Eugen: Gott im Horizont des Menschen, S. 125 ff.; Benjamin, David: Muhammad in der Bibel, S. 10.

[139] El-Rifai, Shaker Ahmed: Gewalt und ihre Überwindung aus islamischer Sicht, S. 145 ff.

[140] Weber, Edmund: Die Bedeutung Martin Luthers für die Begründung einer multireligiösen Gesellschaft. In: Journal für Religionskultur Nr. 1 (1997).

[141] Der Artikel vom 11. Oktober 2006 wurde vom Verf. aus dem Arabischen übersetzt.

ten sich viele Muslime sehr verletzt. Der Kaiser sagte damals: "Zeig mir doch was Mohammad Neues gebracht hat, und da wirst du nur Schlechtes und Inhumanes finden wie dies, dass er vorgeschrieben hat, den Glauben, den er predigte, durch das Schwert zu verbreiten."[142] In seinem Artikel erklärte der Groß-Imam Tantawi den Begriff Dschihad im Sinne des Korans (s.o.) und belegte dieses Verständnis mit mehreren Suren.

Auch im arabischsprachigen Neuen Testament wird ganz selbstverständlich das Wort Dschihad verwendet, z.B. in folgenden Versen:

Apg. 17,1-5: (1) Nachdem sie aber durch Amphipolis und Apollonia gereist waren, kamen sie nach Thessalonich; da war eine Synagoge der Juden. (2) Wie nun Paulus gewohnt war, ging er zu ihnen hinein und redete mit ihnen an drei Sabbaten von der Schrift, (3) tat sie ihnen auf und legte ihnen dar, dass Christus leiden musste und von den Toten auferstehen, und dass dieser Jesus, den ich - so sprach er - euch verkündige, der Christus ist. (4) Einige von ihnen ließen sich überzeugen und schlossen sich Paulus und Silas an, auch eine große Menge von gottesfürchtigen Griechen, dazu nicht wenige von den angesehensten Frauen. (5) Aber die Juden ereiferten sich und holten sich einige üble Männer aus dem Pöbel, rotteten sich zusammen und richteten einen Aufruhr in der Stadt an und zogen vor das Haus Jasons und suchten sie, um sie vor das Volk zu führen.

Apg. 20,24: Aber ich achte mein Leben nicht der Rede wert, wenn ich nur meinen Lauf vollende und das Amt ausrichte, das ich von dem Herrn Jesus empfangen habe, zu bezeugen das Evangelium von der Gnade Gottes.

1. Kor. 14:8: Und wenn die Posaune einen undeutlichen Ton gibt, wer wird sich zum Kampf rüsten?

1. Kor. 9,25-27: (25) Jeder aber, der kämpft, enthält sich aller Dinge; jene nun, damit sie einen vergänglichen Kranz empfangen, wir aber einen unvergänglichen. (26) Ich aber laufe nicht wie aufs Ungewisse; ich kämpfe mit der Faust, nicht wie einer, der in die Luft schlägt, (27) sondern ich bezwinge meinen Leib und zähme ihn, damit ich nicht andern predige und selbst verwerflich werde.

Eph. 6,10: Zuletzt: Seid stark in dem Herrn und in der Macht seiner Stärke.

Phil. 1,30: Habt ihr doch denselben Kampf, den ihr an mir gesehen habt und nun von mir hört.

Phil. 3,14: und jage nach dem vorgesteckten Ziel, dem Siegespreis der himmlischen Berufung Gottes in Christus Jesus.

---

[142] Siehe Rede Benedikts XVI. am 12.9.2006 in der Universität Regensburg: www.vatica.va/holy-father/benedict_xvi/speeches/2006/september/document/hf-ben-xvi_spe_20060912 _university-regensburg_ge.htm.

Kol. 2,1: Ich will euch nämlich wissen lassen, welchen Kampf ich um euch führe und um die in Laodizea und um alle, die mich nicht von Angesicht gesehen haben

1. Thess. 2,2: denn obgleich wir zuvor in Philippi gelitten hatten und mißhandelt worden waren, wie ihr wißt, fanden wir dennoch in unserm Gott den Mut, bei euch das Evangelium Gottes zu sagen unter viel Kampf.

1. Tim. 1,18: Diese Botschaft vertraue ich dir an, mein Sohn Timotheus, nach den Weissagungen, die früher über dich ergangen sind, damit du in ihrer Kraft, einen guten Kampf kämpfst.

1. Tim. 4,7: Die ungeistlichen Altweiberfabeln aber weise zurück; übe dich selbst aber in der Frömmigkeit!

1. Tim. 6,12: Kämpfe den guten Kampf des Glaubens; ergreife das ewige Leben, wozu du berufen bist und bekannt hast das gute Bekenntnis vor vielen Zeugen.

2. Tim. 2,1: So sei nun stark, mein Sohn, durch die Gnade in Christus Jesus.

Hebr. 6,4: Denn es ist unmöglich, die, die einmal erleuchtet worden sind und geschmeckt haben die himmlische Gabe und Anteil bekommen haben am heiligen Geist und geschmeckt haben.

Hebr. 3,14: Denn wir haben an Christus Anteil bekommen, wenn wir die Zuversicht vom Anfang bis zum Ende festhalten.

Hebr. 10,32: Gedenkt aber der früheren Tage, an denen ihr, nachdem ihr erleuchtet wart, erduldet habt einen großen Kampf des Leidens.

Daraus kann man erkennen, dass auch die arabischen Christen das Wort Dschihad nicht als Bezeichnung für Heiligen Krieg verstehen, sondern wie der Koran auch als 'sich bemühen oder anstrengen.'

### *14.7 Diakonie im Christentum und islamische Wohlfahrtsinitiativen143*

Zentrale gesellschaftliche Problemfelder werden heute sowohl von der christlichen Diakonie als auch von den islamischen Wohlfahrtsinitiativen angegangen.[144] Allerdings lassen sich heute Probleme wie z.B. Drogen, Jugendkriminalität, Überbevölkerung (Familienplanung), Organverpflanzung, Altenbetreuung und Pflegedienst, Nachbarschaftskonflikte, Abtreibung, oder Arbeitslosigkeit nicht mehr isoliert von diakonischen Einrichtungen und Verbänden einzelner Religionsgemeinschaften bewältigen. Dazu bedarf es eines sich gesamtgesell-

---

[143] Siehe dazu oben 9.2.3.4.1 Pflichtsteuer (*zakat*) und freiwilliges Almosen (*sadaqa*).

[144] Elshahed, Elsayed: Wohlfahrtsinitiativen im Islam, S. 69-82; siehe auch Weber, Edmund: Allahs Mütterlichkeit und die muslimische Nächstenliebe. In: THEION - Jahrbuch für Religionskultur XIV, Frankfurt am Main usw. 2005, S. 63 ff.

schaftlicher Verantwortung bewussten Dialogs und umfassender und intensiver Kooperation von Seiten der Muslime und Christen.[145]

| Christentum | Islam |
|---|---|
| Lk 1,26-38: (26) Und im sechsten Monat wurde der Engel Gabriel von Gott gesandt in eine Stadt in Galiläa, die heißt Nazareth, (27) zu einer Jungfrau, die vertraut war einem Mann mit Namen Josef vom Hause David; und die Jungfrau hieß Maria. (28) Und der Engel kam zu ihr hinein und sprach: Sei gegrüßt, du Begnadete! Der Herr ist mit dir! (29) Sie aber erschrak über die Rede und dachte: Welch ein Gruß ist das? (30)Und der Engel sprach zu ihr: Fürchte dich nicht, Maria, du hast Gnade bei Gott gefunden. (31) Siehe, du wirst schwanger werden und einen Sohn gebären, und du sollst ihm den Namen Jesus geben. (32) Der wird groß sein und Sohn des Höchsten genannt werden; und Gott der Herr wird ihm den Thron seines Vaters David geben, (33) und er wird König sein über das Haus Jakob in Ewigkeit, und sein Reich wird kein Ende haben. (34) Da sprach Maria zu dem Engel: Wie soll das zugehen, da ich doch von keinem Mann | Sure 19,16-26: (16) Und gedenke in der Schrift der Maria! (Damals) als sie sich vor ihren Angehörigen an einen östlichen Ort zurückzog! (17) Da nahm sie sich einen Vorhang (oder: eine Scheidewand) (um sich) vor ihnen (zu verbergen). Und wir sandten unseren Geist zu ihr. Der stellte sich ihr dar als ein wohlgestalteter (w. ebenmäßiger) Mensch. (18) Sie sagte: Ich suche beim Erbarmer Zuflucht vor dir. (Weiche von mir) wenn du gottesfürchtig bist! (19) Er sagte: (Du brauchst keine Angst vor mir zu haben.) Ich bin doch der Gesandte deines Herrn. (Ich bin von ihm zu dir geschickt) um dir einen lauteren Jungen zu schenken. (20) Sie sagte: Wie sollte ich einen Jungen bekommen, wo mich kein Mann (w. Mensch) berührt hat und ich keine Hure bin? (oder: ... berührt hat? Ich bin (doch) keine Hure!) (21) Er sagte: So (ist es, wie dir verkündet wurde). Dein Herr sagt: (oder: So hat dein Herr (es an)gesagt.) Es fällt mir leicht (dies zu bewerkstelligen). Und (wir schenken ihn dir) damit wir ihn zu einem Zeichen für die Menschen machen, und weil wir (den Menschen) Barmherzigkeit erweisen wollen (w. aus Barmherzigkeit von uns). Es ist eine beschlossene Sache. (22) Da war sie nun schwanger mit ihm (d.h. dem Jesusknaben). Und sie zog sich mit ihm an einen |

[145] Edmund Weber hat im Rahmen des von ihm initiierten Forschungsprojekts 'Diakonie der Religionen' dieses Problemfeld durch Publikationen und Kongresse in seiner aktuellen Bedeutung thematisiert. Siehe dazu z.B. die drei Bände zur Reihe 'Diakonie der Religionen' (Bd. VII, XIV und XVII) sowie Band XVIII 'Universelle Kultur des Helfens', in: THEION - Jahrbuch für Religionskultur, Frankfurt am Main usw. 1996 ff. Kongresse fanden in Deutschland, Ägypten, Türkei und in Indien statt.

| | |
|---|---|
| weiß?(35) Der Engel antwortete und sprach zu ihr: Der heilige Geist wird über dich kommen, und die Kraft des Höchsten wird dich überschatten; darum wird auch das Heilige, das geboren wird, Gottes Sohn genannt werden. (36) Und siehe, Elisabeth, deine Verwandte, ist auch schwanger mit einem Sohn, in ihrem Alter, und ist jetzt im sechsten Monat, von der man sagt, dass sie unfruchtbar sei. (37) Denn bei Gott ist kein Ding unmöglich. (38) Maria aber sprach: Siehe, ich bin des Herrn Magd; mir geschehe, wie du gesagt hast. Und der Engel schied von ihr. | fernen Ort zurück. (23) Und die Wehen veranlassten sie, zum Stamm der Palme zu gehen. Sie sagte: Wäre ich doch vorher gestorben und ganz in Vergessenheit geraten! (24) Da rief er (d.h. der Jesusknabe) ihr von unten her zu: Sei nicht traurig! Dein Herr hat unter dir (d.h. zu deinen Füßen?) ein Rinnsal (voll Wasser) gemacht. (25) Und schüttle den Stamm der Palme (indem du ihn) an dich (ziehst)! Dann lässt sie saftige, frische Datteln auf dich herunterfallen. (26) Und iss und trink und sei frohen Mutes (w. kühlen Auges)! Und wenn du (irgend)einen von den Menschen siehst, dann sag: Ich habe dem Barmherzigen ein Fasten gelobt. Darum werde ich heute mit keinem menschlichen Wesen sprechen. |

Gemeinsam sind also Bibel und Koran folgende Teile der Weihnachtsgeschichte:

1. Die Geburtsankündigung durch den Engel Gabriel
2. Die Jungfräulichkeit Mariens
3. Die Empfängnis durch den Heiligen Geist

Sure 4,171: Ihr Leute der Schrift! Treibt es in eurer Religion nicht zu weit und sagt gegen Gott nichts aus, als die Wahrheit! Christus Jesus, der Sohn der Maria, ist nur der Gesandte Gottes und sein Wort, das er der Maria entboten hat, und Geist von ihm. Darum glaubt an Gott und seine Gesandten und sagt nicht (von Gott, dass er in einem) drei (sei)! Hört auf (so etwas zu sagen)! Das ist besser für euch. Gott ist nur ein einziger Gott. Gepriesen sei er! (Er ist darüber erhaben) ein Kind zu haben. Ihm gehört (vielmehr alles), was im Himmel und auf der Erde ist. Und Gott genügt als Sachwalter.

Sure 21,91: Und (weiter Maria) die sich keusch hielt (w. die ihre Scham schützte). Da bliesen wir ihr Geist von uns ein und machten sie und ihren Sohn zu einem Zeichen für die Menschen in aller Welt.

4. Die Jungfrauengeburt

Siehe auch Sure 3,47: Sie sagte: "Herr! Wie sollte ich ein Kind bekommen, wo mich (noch) kein Mann (w. Mensch) berührt hat?" Er (d.h. der Engel der Verkündigung, oder Gott?) sagte: "Das ist Gottes Art (zu handeln). Er schafft, was er will. Wenn er eine Sache beschlossen hat, sagt er zu ihr nur: sei!, dann ist sie."

5. Die Jungfrauengeburt als Zeichen Gottes

Jes. 7,14: Darum wird euch der HERR selbst ein Zeichen geben: Siehe, eine Jungfrau ist schwanger und wird einen Sohn gebären, den wird sie nennen Immanuel.

## 15 Schlussbemerkungen

Zwischen Christentum und Islam gibt es trotz vieler Unterschiede in Lehre und Praxis auch viele Gemeinsamkeiten. Aber um den Anderen anzunehmen ist es nicht unbedingt notwendig, die gleiche Meinung zu haben.

Der Dialog bietet die Chance, Missverständnisse abzubauen und im gemeinsamen Gespräch zu bleiben. Um den Herausforderungen der heutigen Zeit begegnen zu können, ist gerade die gemeinsame Tradition immer wieder zu bedenken. Dafür ist es erforderlich, Politik und Religion auseinander zu halten. Toleranz und Akzeptanz waren und bleiben wichtige Bausteine auf dem Weg zu einem friedlichen Zusammenleben der Religionen.

## 16 Abkürzungsverzeichnis

| | |
|---|---|
| Apg. | Apostelgeschichte |
| Eph. | Epheserbrief |
| Hebr. | Hebräerbrief |
| Jes. | Jesaja |
| Joh. | Johannes-Evangelium |
| 1. Joh. | 1. Johannesbrief |
| Kol. | Kolosserbrief |
| 1. Kor. | 1. Korintherbrief |
| Lk | Lukas-Evangelium |
| Mal. | Maleachi |
| Mk. | Markus-Evangelium |
| Mt. | Matthäus-Evangelium |
| 1. Mose | 1. Buch Mose (Genesis) |
| 2. Mose | 2. Buch Mose (Exodus) |
| 3. Mose | 3. Buch Mose (Leviticus) |
| 5. Mose | 5. Buch Mose (Deuteronomium) |
| Neh. | Nehemiabuch |
| Phil. | Philipperbrief |
| Ps. | Psalm |
| reg. | Regierungszeit |
| 1. Thess. | 1. Thessalonicherbrief |
| 1. Tim. | 1. Timotheusbrief |
| 2. Tim. | 2. Timotheusbrief |

# 17 Literaturverzeichnis

Abduhllah, Muhammad Salim: Islam für das Gespräch mit Christen. Gütersloh 1992

Abdullah, Mohammad Salim: Was will der Islam in Deutschland. Gütersloh 1993

Abu Zaid, Nasr Hamid: Ein Leben mit dem Islam. Aus dem Arabischen von Chérifa Magdi. Erzählt von Navid Kermani. Freiburg 1999

Al-Ghazali, Abu Hamid Muhammad: Al-Maqsad al Asna fi Scharhma'ni as ma'Allah al-Husna. Beirut 1986

Amara, M.: Al-'A'mal al-kamila li-sch-Schaih Muhammad 'Abduh, Bd. III, Kairo o. J.

Arradwan, Mahmoud Abd-Arrazik: asm'' Allah al-Husna al-thabita fi al-quran wa-sunna [Die schönen Namen Gottes, die in Koran und Suna zu finden sind]. Kairo 2005

Beltz, Walter: Die Mythen des Koran. Berlin und Weimar

Benedikt XVI.: Ansprache am 12. September 2006 in der Universität Regensburg: www.vatica.va/holy-father/benedict_xvi/speeches/2006/september/document/hf-ben-xvi_spe_20060912_university-regensburg_ge.htm

Benjamin, David: Muhammad in der Bibel. München 1987

Berger, Klaus: Psalmen aus Qumran. Stuttgart 1994

Bibel, siehe Die Bibel

Biser, Eugen: Gott im Horizont des Menschen. Herausgegeben von Peter Jentzmik. Limburg 2001

Bsteh, Andreas: Christentum in der Begegnung. Christlicher Glaube in der Begegnung mit dem Islam: Referate – Anfragen – Diskussionen. Mödling 1996

Bukhari: as-Sahih, Bd. I-IV. Beirut 1864

Bukhari: Sahih, Volume 3, Book 50, Number 894. In http://www.usc.edu/dept/MSA/fundamentals/hadithsunnah/bukhari/

Cheikho, Louis: Schuara an-Nasrania qabl al-Islam [Die christlichen Dichter vor dem Islam ]. 4. Auflage. Beirut 1991

Denffer, Ahmad von (Hrsg.): Allahs Gesandter hat gesagt. Lützelbach 1998

Der Koran, übers., kommentiert und eingeleitet von Rudi Paret. Digitale Bibliothek Band 46. Stuttgart: Kohlhammer

Die Bibel: Oder die ganze heilige Schrift des Alten Testaments. Nach der Übersetzung Martin Luthers. Revidierter Text 1975, Stuttgart 1978

El-Rifai, Shaker Ahmed: Gewalt und ihre Überwindung aus islamischer Sicht. Zur Legitimation des Krieges im Islam. In: Barth, Hans-Martin und Elsas, Christoph (Hrsg.): Innerer Friede und die Überwindung der Gewalt. Hamburg 2007

Erklärung über das Verhältnis der Kirche zu den nichtchristlichen Religionen. In: Lexikon für Theologie und Kirche 13. Freiburg i.B. usw. 1967

Fischer-Barnicol, Hans A.: Die islamische Welt und Europa. Kulturelle Verständigung als politische Herausforderung. Stuttgart 1991

Flasch, Kurt: Aufklärung im Mittelalter? Die Verurteilung von 1277. Mainz 1989

Gaewart, Katharina: Mit Festen Grenzen überschreiten, In: Dialog des Lebens, ems-Jahrbuch 14, Stuttgart 1997

Gerhards, Albert, Die koptische Kirche – Einführung in das ägyptische Christentum. Stuttgart Berlin Köln 1994

Gnilka, Joachim: Bibel und Koran. Was sie verbindet, was sie trennt. Freiburg 2004

Graf, Georg.: Geschichte der christlichen arabischen Literatur. Vatikanstadt 1944-53

Gutas, Dimitri: Greek Thought, Arabic Culture. The Graeco-Arabic Translation Movement in Baghdad and Early ÝAbbÁsid Society (2nd-4th/8th-10th centuries). London / New York 1998

Hofmann, Murad Wilfried: Der Islam als Alternative. Der Islam und der Westen. München 1992

Hourani, Albert: Arabic Thought in the Liberal Age 1789-1939. Cambridge 1962, rev. 1983

Hourani, Albert: Der Islam im europäischen Denken. Frankfurt am Main 1994

Hourani, Albert: Die Geschichte der arabischen Völker. Frankfurt am Main 1997

Hourani, Albert; Khoury, Philip S.; Wilson, Mary C.: The Modern Middle East: A Reader. London / New York 1993

Huntington, Samuel P.: Der Kampf der Kulturen. The Clash of Civilizations. Die Neugestaltung der Weltpolitik im 21. Jahrhundert. Frankfurt am Main und Wien 1996

Ibn Ishaq: Das Leben des Propheten [As-sîratu n-nabawiyya]. Aus dem Arabischen von Gernot Rotter. Freiburg i.Br. o.J.

Ibn Kathir: Kitab al-bidaya wa-nihaya. Beirut und Riad 1966

Ibn Kathir: Tafsir…, Bde. I-VI. Beirut 1966

Ibn Khaldun: Buch der Beispiele. Die Einführung. Hrsg. von Matthias Pätzold. Leipzig 1992

Ibn Taimiya: Taqiuddin Ahmad Ibn Abdulhalim: Einführung in die Methodologie der Qur'anexegese, übersetzt von Elsayed Elshahed. Riyadh 2000

Kades, Tharwat: Die arabische Bibelübersetzungen im 19. Jahrhundert. Frankfurt am Main usw. 1997

Khoury, Raif Georges: Der Islam, Religion, Kultur, Geschichte. Mannheim 1993

Koran, siehe Der Koran

Krauss, Meinhold und Lundbeck, Johannes: Die vielen Namen Gottes. Stuttgart 1974

Kügelgen, Anke von: Averroes & die arabische Moderne – Ansätze zu einer Neubegründung des Rationalismus im Islam. Leiden 1994

Kuschel, Karl-Josef: Vom Streit zum Wettstreit der Religionen. Lessing und die Herausforderung des Islam. Düsseldorf 1998

Lee, Robert D.: Overcoming Tradition and Modernity. The Search for Islamic Authenticity. Boulder 1997

Löffler, Paul: Arabische Christen im Nahostkonflikt. Christen im, politischen Spannungsfeld. Frankfurt am Main 1980

Lüling, Günter: Der christliche Kult an der vorislamischen Kaaba als Problem der Islamwissenschaft und christlichen Theologie. Erlangen 1977

Luxenberg, Christoph: Die Syro-aramäische Leseart des Koran. Ein Beitrag zur Entschlüsselung der Koransprache. Berlin 2000

Marquard, Reiner (Hrsg.): Reformationstag – Evangelisch und Ökumenisch. Eine Arbeitshilfe für Gemeinde und Schule. Göttingen 1997

Mekhennet, Souad; Sautter, Claudia; Hanfeld, Michael: Die Kinder des Dschihad. Die neue Generation des islamistischen Terrors in Europa. München 2006

Mohr, Thea und Weber, Edmund (Hrsg.): Universelle Kultur des Helfens im Hinduismus, Buddhismus, Islam, Judentum und in den Naturwissenschaften. In: THEION – Jahrbuch für Religionskultur, Frankfurt am Main usw. 2006

Müller, Harald: Das Zusammenleben der Kulturen. Ein Gegenentwurf zu Huntington. 5. Auflage. Frankfurt am Main 2001

Raheb, Mitri: Das reformatorische Erbe unter den Palästinensern. Zur Entstehung der Evangelisch-Lutherischen Kirche in Jordanien. Gütersloh 1990

Religion in Geschichte und Gegenwart. 3. Auflage. Tübingen, 1957 ff.

Rudolph, W.: Die Abhängigkeit des Qorans von Judentum und Christentum. Stuttgart 1922

Schimmel, Annemarie: Dein Wille geschehe. Die schönsten islamischen Gebete. Bonndorf im Schwarzwald 1992

Schlatter, Adolf.: Die Entwicklung des jüdischen Christentums zum Islam. In: Evangelisches Missionsmagazin. Basel 1919

Sekretariat der Deutschen Bischofkonferenz (Hrsg), Arbeitshilfen Nr. 106: Christen und Muslime in Deutschland. Eine pastorale Handreichung. Bonn 1993

Steinacker, Peter: Absolutheitsanspruch und Toleranz. Systematische-Theologische Beiträge zu Begegnung der Religionen. Frankfurt am Main 2006

Sundermeier, Theo: Den Fremden verstehen. Eine praktische Hermeneutik. Göttingen 1996

Tibi, Bassam: Die Krise des modernen Islams. Eine vorindustrielle Kultur im wissenschaftlich-technischen Zeitalter. Frankfurt am Main 1991

Troll, Christian: Muslime fragen, Christen antworten. Regensburg 2003

Tworuschka, Monika und Udo: Kleines Lexikon Islam. Christen begegnen Muslimen. Konstanz 1992

Weber, Edmund: Allahs Mütterlichkeit und die muslimische Nächstenliebe. In: THEION – Jahrbuch für Religionskultur XIV, Frankfurt am Main usw. 2005

Weber, Edmund: Die Bedeutung Martin Luthers für die Begründung einer multireligiösen Gesellschaft. In: Journal für Religionskultur Nr. 1 (1997)

Wehr, Hans: Arabisches Wörterbuch. Für die Schriftsprache der Gegenwart, Bd. I und II. Leipzig 1952

Wilken, Karl-Erich: Petra die Königin der Karawanenstädte. Lahr-Dinglingen 1988

Yusuf, Ali: Die Bedeutung des Korans. München 1996

Zaidan, Gh.: Maschahir asch-Scharq, Bd. II. Kairo o.J.

Zakzouk, Mahmoud Hamdi: Das trinitarische Gottesverständnis in muslimischer Sicht. Kairo 2006

Zakzouk, Mahmoud Hamdi: Der Islam und die Frage nach dem Dialog. Kairo 2003

Zakzouk, Mahmoud Hamdi: Einführung in den Islam. Kairo 2000

Weitere Literatur

Benad, Matthias, Töpelmann, Roger (Hrsg.): Annäherungen und das Heilige. Gottesliebe und Nächstenliebe in den Religionen. Stuttgart 1999

Bobzin, Hartmut (Hrsg.): KoranLeseBuch. Wichtige Texte aus dem Arabischen neu übersetzt und kommentiert. Freiburg 2005

Bouman, Johan: Das Wort vom Kreuz und das Bekenntnis zu Allah. Die Grundlehren des Korans als nachbiblische Religion. Frankfurt am Main 1980

Bucaille, Maurice: Bibel, Koran und Wissenschaft. Die heiligen Schriften im Licht moderner Erkenntnisse, übersetzt nach der 7. französischen Ausgabe. Paris 1980

Elshahed, Elsayed: Wohlfahrtsinitiativen im Islam. In: THEION - Jahrbuch für Religionskultur XVIII. Frankfurt usw. 2006, S. 69-82

Esposito, John L.: The Islamic Threat. Myth or Reality? Oxford: University Press 1992, rev. 1995

Evangelisches Missionswerk in Deutschland (EMW), Informationsprojekt Naher und Mittlerer Osten (INAMO) und Flores, Alexander (Hrsg.): Die Zukunft der orientalischen Christen. Eine Debatte im Mittleren Osten. Hamburg und Berlin, 2001

Feldtkeller, Andreas und Sundermeier, Theo (Hrsg.): Mission in pluralistischer Gesellschaft. Frankfurt am Main 1999

Gibran, Khalil: Die Propheten-Bücher. Der Prophet. Im Garten des Propheten. Die Heimkehr des Propheten. 2. Auflage. München 2002

Graf, G.: Verzeichnis arabischer kirchlicher Termini. In: Corpus Scriptorum Christianorum Orientalium, Vol. 147, 2. vermehrte Auflage. Louvain 1954

Hagemann, Ludwig: Christentum Contra Islam. Eine Geschichte gescheiterter Beziehungen. Darmstadt 1999

Hottinger, Arnold: Allah Heute. Zürich 1981

Kirchenamt der Evangelischen Kirche in Deutschland (Hrsg.): Klarheit und gute Nachbarschaft. Christen und Muslime in Deutschland. Hannover 2006

Kirste, Reinhard; Schultze, Herbert; Tworuschka, Udo: Die Feste der Religionen. Ein interreligiöser Kalender mit einer synoptischen Übersicht. Gütersloh 1995

Robertson, Ronald: Globalization, Social Theory and Global Culture. London-New Dehli 1996

Rodinson, Maxime: Die Faszination des Islam. 2. Auflage. München 1991

Schmidt, Rainer; Biemöller, Martin; Thiessen, Rolf; Kratz, Wolfgang: Reformation heute. Frankfurt am Main 1967

Tibi, Bassam: Die Entromantisierung Europas. Zehn Thesen zur Überwindung des Eurozentrismus ohne Selbstaufgabe. In: Brocker, Manfred u.a. (Hrsg.): Ethnozentrismus. Möglichkeiten und Grenzen des interkulturellen Dialogs. Darmstadt 1997

Troll, Christian: Als Christ dem Islam begegnen. Würzburg 2004

Tworuschka, Monika und Udo: Der Koran und sein umstrittenen Aussagen. Düsseldorf 2002

Zakzouk, Mahmoud Hamdi: Fragen zum Thema Islam. Kairo 2000

Zakzouk, Mahmoud Hamdi: Fragen zum Thema Islam. Kairo 2004

Zakzouk, Mahmoud Hamdi: Islam und Christentum. Möglichkeiten der Verständigung und Zusammenarbeit. Kairo 2005

**THEION**

Herausgegeben von Wilhelm-Ludwig Federlin und Edmund Weber

Band 1 Wilhelm-Ludwig Federlin: Kirchliche Volksbildung und Bürgerliche Gesellschaft. Studien zu Thomas Abbt, Alexander Gottlieb Baumgarten, Johann David Heilmann, Johann Gottfried Herder, Johann Georg und Johannes von Müller. 1993.

Band 2 Hans Christoph Stoodt / Edmund Weber (Hrsg.): Interreligiöse Beziehungen: Konflikte und Konvergenzen. 1993.

Band 3 Hans Christoph Stoodt / Edmund Weber (Hrsg.): INTER LEGEM ET EVANGELIUM. 1994.

Band 4 Sylvia Mangold: Ādi Śaṅkarācāryah. G. V. Iyers Filmkommentar zur Religionsphilosophie Śaṅkaras. 1994.

Band 5 Cheriyan Menacherry: Christ: The Mystery in History. A Critical Study on the Christology of Raymond Panikkar. 1995.

Band 6 Wilhelm-Ludwig Federlin (Hrsg.): Sein ist im Werden. Essays zur Wirklichkeitskultur bei Johann Gottfried Herder anläßlich seines 250. Geburtstages. 1995.

Band 7 Matthias Benad / Edmund Weber (Hrsg.): Diakonie der Religionen 1. Studien zu Lehre und Praxis karitativen Handelns in der christlichen, buddhistischen, Hindu und Sikh Religion. 1996.

Band 8 Byong-Ro An: Die Religiosität der Koreaner in Deutschland. 1997.

Band 9 Friedrich Weber: Sendrecht, Policey und Kirchenzucht. Kirchenrechtsbildung und religiös-ethische Normierung in Ostfriesland und Emden bis Ende des 16. Jahrhunderts. 1998.

Band 10 Peter Schmidt: A. C. Bhaktivedanta Swami im interreligiösen Dialog. Biographische Studien zur Begegnung von Hinduismus und Christentum. 1999.

Band 11 Stephan Nagel: Brahmas geheime Schöpfung. Die indische Reformbewegung der "Brahma Kumaris". Quellen, Lehre, Raja Yoga. 1999.

Band 12 Steven Ballard: Rudolf Otto and the Synthesis of the Rational and the Non-Rational in the Idea of the Holy. Some Encounters in Theory and Practice. 2000.

Band 13 Thea Mohr: Weibliche Identität und Leerheit. Eine ideengeschichtliche Rekonstruktion der buddhistischen Frauenbewegung *Sakyadhita International*. 2002.

Band 14 Bärbel Beinhauer-Köhler / Matthias Benad / Edmund Weber (Hrsg.): Diakonie der Religionen 2. Schwerpunkt Islam. 2005.

Band 15 Wilhelm-Ludwig Federlin / Markus Witte (Hrsg.): Herder-Gedenken. Interdisziplinäre Beiträge anläßlich des 200. Todestages von Johann Gottfried Herder. 2005.

Band 16 Young-Sik Park: Konvivenz der Religionen. 2006.

Band 17 Roswitha Möstl: Naraseva – Moderne Hindudiakonie. Erscheinungsformen, Konzepte, Strategien, religiöse und weltanschauliche Begründungen. Diakonie der Religionen 3. 2006.

Band 18 Thea Mohr / Edmund Weber (Hrsg.): Universelle Kultur des Helfens. Im Hinduismus, Buddhismus, Islam, Judentum und in den Naturwissenschaften. Diakonie der Religionen 4. 2006.

Band 19 Edmund Weber: Hindu India. Another Approach to its Multiflorous Religious Culture. Collected Essays. 2006.

Band 20 Karl Dienst: „Zerstörte" oder „wahre" Kirche: Eine geistliche oder kirchenpolitische Entscheidung? 2007.

Band 21 Tharwat Kades: Der Dialog zwischen Christen und Muslimen im Spannungsfeld von Tradition und Moderne. 2008.

www.peterlang.de